Otimismo
Cristão,
hoje

Conheça
nossos clubes

Conheça
nosso site

@editoraquadrante
@editoraquadrante
@quadranteeditora
Quadrante

Copyright © 2008 Quadrante Editora

Capa
Gabriela Haeitmann

Dados Internacionais de Catalogação na Publicação (CIP)

Francisco, Faus
Otimismo cristão, hoje : diálogo com um pessimista /
Francisco Faus — 3ª ed. — São Paulo: Quadrante Editora, 2024.

ISBN: 978-85-7465-674-8

1. Otimismo 2. Pessimismo 3. Vida cristã I. Título

CDD—248.4

Índices para catálogo sistemático:
1. Otimismo : Vida cristã 248.4

Todos os direitos reservados a
QUADRANTE EDITORA
Rua Bernardo da Veiga, 47 - Tel.: 3873-2270
CEP 01252-020 - São Paulo - SP
www.quadrante.com.br / atendimento@quadrante.com.br

Francisco Faus

Otimismo CRISTÃO, HOJE

3ª edição

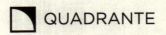

Sumário

O DESABAFO DE UM PESSIMISTA
AMARGURADO   7

DEUS E AS SOMBRAS   15

O SOL BRILHA SOBRE AS NUVENS   31

DOIS RIOS CRISTALINOS DE VIDA   45

O DESABAFO DE UM PESSIMISTA AMARGURADO

"O reino das sombras da morte"

— As sombras de Mordor já estão tomando conta de tudo!

— O quê?

— Será que o senhor é dos poucos que não leram *O Senhor dos Anéis*?

— Li, sim, por acaso, já faz algum tempo. Mas, escute, você quem é?

— Ninguém... Aliás, sou um *leitor*.

— Ah! Já nos encontramos outras vezes... Desta vez, você é um leitor jovem ou um leitor velho?

— Tenho trinta e dois anos.

— Jovem. Boa idade ainda para arranjar emprego... Mas o que é que você queria dizer com essa história de "Mordor"?

— O que qualquer um que não seja cego pode enxergar no mundo atual. Não vai dizer que esqueceu que Mordor é o domínio do Senhor das Trevas...

— Sei, sim. São as terras de Sauron, o "Senhor dos Anéis", o rei do ódio e da destruição...

— Pois então, basta abrir os olhos para perceber que as trevas de Mordor estão cada vez mais espalhadas e densas, invadindo o mundo, a política, a sociedade, a cultura, as escolas, as famílias... Onde antes havia luz, agora há trevas.

— Você fala de "antes" como se tivesse vivido muito...

— Não é preciso ter vivido muito, basta conhecer um pouquinho de história e ter um mínimo de sensibilidade. E gostaria de que percebesse que não falo de impressões emotivas nem de interpretações subjetivas, mas daquilo que todo o mundo vê e toca por toda a parte, todos os dias e a todas as horas. Para ser mais explícito, vou tentar fazer-lhe um resumo das sombras de Mordor mais patentes e o senhor vai-me dizer se é assim como digo ou não.

A primeira sombra

Veja. Primeiro, o mundo está envolto em brumas cada vez mais densas de falta de fé e de sentido transcendente da vida. Todos sabemos que se está propagando — entre jovens e adultos e velhos, que pretendem ser cultos — a moda do agnosticismo, do niilismo e do pseudo-misticismo deliquescente do vale-tudo: chame-o de *New Age* ou como quiser. Cada qual fabrica ou escolhe a capricho a sua "filosofia de vida" ou a sua "crença", cada uma mais barata e vazia do que a outra; o importante é que não custe nada, que não exija nem proíba nada; em todo o caso, que só exija os direitos do prazer e da vaidade. Escolhe-se a "pseudo-verdade" interesseira como se escolhe na loja um par de sapatos bem em conta, desde que correspondam ao tamanho do pé; só que aqui o "pé" se chama ambição, egoísmo, vício, rejeição do compromisso e da fidelidade..., numa autêntica maratona de mentiras que são batizadas com o nome de autenticidade.

— Permite-me interromper? Desculpe, mas não me parece bom caminho filosofar sobre o mundo atual como você faz, com tanta amargura e pessimismo; quase diria que com ódio... Assim não iremos longe; quando muito, cairemos num buraco negro de desesperança.

O DESABAFO DE UM PESSIMISTA AMARGURADO

— Está bem. Vejo que prefere não me escutar. Então, conversa encerrada.

— Não, meu amigo, desculpe de novo. Só estou manifestando um ponto de vista diferente do seu, um ponto de vista que gostaria de expor e que de fato vou expor depois mais amplamente, mas respeito as suas opiniões e não quero ser grosseiro. Penso que devemos respeitar o pensamento de todos. Por favor, continue.

A segunda sombra

— Muito bem. Passemos, então, à segunda nuvem; e, com isso, não estou classificando as "sombras de Mordor" pela ordem de importância; é só um modo de falar. É evidente que, no bojo dessas primeiras nuvens negras, viajam os raios e trovões de um *laicismo* antirreligioso — não apenas a-religioso —, raivoso e descarado; especialmente hostil à Igreja Católica, que procura desprestigiar, caluniar, achincalhar com qualquer pretexto: basta ler a imprensa, assistir a entrevistas e programas de tv, e saber do que se diz em inúmeras aulas de colégios, cursinhos e faculdades.

Veja o que acontece, por exemplo, quando um católico tenta abrir a boca sobre questões controvertidas — e vitais! — de atualidade, como as questões sobre o direito à vida. Logo se procura costurar-lhe a boca com os grampos de uma gritaria hipocritamente escandalizada. Chovem invectivas, insultos, motejos, insinuações contra a Igreja, acusada de obscurantismo, anticientificismo e outras imbecilidades. Bradam, como se fosse um dogma da nova fé — uma fé de que eles são os sumos pontífices e grandes inquisidores —, que não se deve misturar religião e moral com as leis, os projetos e as decisões do governo, mesmo que, como acontece na quase totalidade dos casos, os cristãos manifestem *apenas* opiniões estritamente éticas, *racionais* e *científicas*, sem a menor pretensão de impor dogmas de fé.

É assim que está surgindo, de forma acelerada, uma nova "democracia" totalitária e ditatorial, que pretende espoliar milhões de cidadãos do direito fundamental de opinar, elemento essencial da democracia; direito que ficaria monopolizado nas mãos fanáticas dos materialistas--hedonistas, dos niilistas nietzschianos e dos fiéis devotos do credo veteromarxista, essas figuras que se autoatribuem, por decreto pessoal, a exclusiva do manejo dos cordeizinhos da história.

— Rapaz, como você gosta de descer a lenha e provocar polêmica! Não acho...

— Paramos, então.

— Não, não! Já lhe disse que pode continuar, livremente..., ainda que lhe aviso que, como já o adverti, eu também falarei livremente mais adiante. Só lhe pediria licença, neste momento, para fazer um inciso e dirigir--me aos "outros" leitores, que eventualmente estejam folheando estas páginas.

— À vontade.

(*Ao pé do ouvido de vocês, que me leem, eu queria dizer que tudo o que vem a seguir, neste texto, não vai ser tão irado e soturno. Esperem. O ar vai clarear daqui a poucas páginas...*)

Pronto, já dei o recado aos outros leitores. Você estava dizendo?

A terceira sombra

— Ia falar da terceira nuvem, que, no fundo, é a que as mais das vezes provoca os raios e trovões da anterior. Mais do que de uma nuvem, eu falaria aqui de uma erupção viscosa de piche, que captura e arrasta em suas lavas — lavas que, por sinal, rendem lucros enormes — tudo o que encontra pelo caminho, mulheres e homens, adolescentes, jovens e velhos, e até crianças.

Refiro-me à enxurrada da pornografia e do sexo des-naturado; do sexo-jogo meramente egoísta, mesmo no casamento; dos abusos, excessos e aberrações da genitalidade de consumo. A família, cada vez mais dizimada, apresenta os alicerces rachados, demolidos até mesmo pela picareta das leis; e a imagem do ser humano, da dignidade dos filhos de Deus, fica reduzida a uma poça suja, em que qualquer um chapinha, ou a um cuspe que se joga de lado. Perdoe-me se cito, de modo atenuado e não textual, a ironia um tanto grosseira de um filósofo moderno: "Ao longo da história, o ser humano foi adquirindo um maior conhecimento de si mesmo. Durante milênios, pensava-se que fosse uma unidade de corpo e alma, de matéria e espírito. Agora, nestes últimos tempos, comprovou-se por fim que é uma unidade de sexo e porta-sexo. Tudo é sexo, o resto é só suporte para sustentar o sexo".

— Que exagero!

— Pode ser. Mas não se esqueça de duas coisas, sem a pretensão de lhe dar lições. Por um lado, o sexo hedonista e sem entraves, como é patente, é insaciável. Por isso, cada vez reivindica maiores "direitos", maiores "campos" de exercício e maiores "liberdades", e acaba defendendo verdadeiras monstruosidades, como se fossem normais; por exemplo, estão sendo produzidos na surdina filmes em que se faz a apologia da pedofilia, algum deles promovido pelos mesmos "intelectuais" que acusam padres de praticá-la. É natural que os que vivem chafurdando no sexo pervertido odeiem uma Igreja que — embora não se canse de mostrar amor e compreensão para com todos os que erram — se recusa, pelo bem da humanidade, a considerar normal ou inocente o "sexo livre", o adultério sistemático, o homossexualismo proselitista, o aborto, o infanticídio eugênico (já praticado em vários países do primeiro mundo), e, em geral, o desprezo pela vida humana nascente ou terminal. Fazendo um leve esforço de memória, lembre-se do Oscar concedido ao melhor filme estrangeiro de 2005: *Mar adentro*, que outra coisa não é senão a defesa "linda" e sentimental do direito à eutanásia, a matar ou matar-se.

Acha que é simples acaso que este mergulho nos desvios sexuais vá acompanhado, quase sempre, pela praga da droga e/ou pelo alcoolismo, que desestruturam e arruínam milhares de seres humanos desde a adolescência? Acha estranho que esses desvarios acabem, às vezes, como vem acontecendo cada vez mais, na decisão fria e calculada de assassinar pai, mãe, irmãos..., no chamado "aborto ascendente"? Já deve ter lido a respeito disso. O raciocínio subjacente a esses crimes é o seguinte: Por que, se os pais eliminam tranquilamente — com o aplauso caloroso da mídia e de celebridades — seus filhos no ventre materno, para gozar de mais liberdade, dinheiro e prazer na vida, os filhos não vão poder eliminar os pais, quando estes lhes tolhem o acesso ao dinheiro, à liberdade e aos prazeres da vida?

— Desculpe-me, mas você me faz sentir mal. Por mais católico que seja, parece-me doente, de tão amargo. Será que se esqueceu da imensa quantidade de gente boa que anda pelo mundo? É possível que você ignore que esta época de sombras é também uma época de grandes luzes, que este mundo enviscado de pecado é também um mundo em que se multiplicam iniciativas cristãs belíssimas e eficazes, em que surgem novas vocações de dedicação total a Deus e ao próximo, e há exemplos fantásticos de bondade, de abnegação, de santidade?

Justamente ao fazer o resumo da sua estadia no Brasil, em 2007, o Papa comentou, muito bem-humorado, que no nosso país, surge quase que diariamente um novo movimento apostólico, um novo caminho de entrega a Deus e de serviço ao próximo, que arrasta a generosidade de muitos jovens. Você citou o *Senhor dos Anéis*, mas não se esqueça de que Mordor acaba vencido, e de que o amor, o sacrifício abnegado, a fidelidade e a bondade, encarnados em Frodo e Sam, afinal acabam triunfando... Seja positivo!

— Espero que o senhor me convença disso, e, aliás, já vejo por onde vão soprar os ventos quando tomar a palavra... Mas, enfim, uma vez que comecei, deixe-me terminar.

— Eu não preciso "deixar", meu amigo. Eu escuto. Você opina e eu vou opinar depois. Não pretendo tapar a boca de ninguém.

A *quarta sombra*

— Então aí vai a última nuvem negra de Mordor, um enorme exército de *nazgûl*, se é que se lembra do que são os *cavaleiros negros* ou *espectros do Anel*. É nuvem ameaçadora. Está tingida de um vermelho que congela o coração. Porque é a nuvem da violência. Todos bradam contra a violência, mas o que se faz para eliminar as "lições" constantes de violência que, desde a infância, todos recebem dos videogames, da televisão, da Internet, do cinema, dos livros, dos jornais? É claro que também aqui quem está guiando as rédeas é o dinheiro! Violência dá lucro, como o sexo, a droga, a indústria do aborto... Muito dinheiro, muito!

O dinheiro! Esse parece ser o "ídolo", o único deus soberano da maioria, neste mundo que explora, larga e tritura os mais pobres, cada vez mais pobres; que despreza os desvalidos, abandona os doentes (veja as "maravilhas" da saúde pública!), afunda legiões de gente honesta e competente na angústia insuportável do desemprego, defende tartarugas fluviais e nega trabalho a "homens humanos" de mais de quarenta anos; arquiteta atentados brutais, com bandeiras de direita e de esquerda, de nacionalismo ou de vingança; e, em contraste com a miséria absoluta de tantos, alimenta as mil e uma formas de corrupção e enriquecimento ilícito em quase todos os setores públicos e privados da sociedade...

— Ufa! Você deixa o coração e o estômago apertados com a sua retórica, porque não pode negar que está "discursando"; até parece comício. Será que você acha que está próximo o fim do mundo? Porque o vejo profeta de desgraças e apocalíptico antes da hora.

— Será que é antes da hora? Quando se toca o fundo do poço, e não é possível cair mais baixo, não parece absurdo pensar que o fim está chegando.

— Eu fico, meu amigo, com as palavras de Jesus: *"Não sabeis o dia nem a hora"* (Mt 25, 13), e acho perda de tempo especular sobre a iminência do Juízo Final. Prefiro confiar na Providência misericordiosa de Deus. Por outro lado, vejo que, do próprio fundo do poço, brotam renovos cheios de vitalidade, tanta que os creio capazes de enfrentar serenamente e com fruto todas as nuvens de Mordor...

— Sinto muito, mas não acredito mais nisso... Já me fartei de ouvir palavras bonitas.

DEUS E AS SOMBRAS

Só palavras bonitas?

— Pois eu confio nessas "palavras bonitas", e mais: tenho a certeza de que, em boa parte, todo esse mal depende de cada um de nós. Não fiquemos só generalizando. Criticamos, lamentamos, mas somos uns tremendos omissos. Choramos lágrimas turvas, por assim dizer, e deixamos de irrigar com água limpa as boas sementes do mundo, que — como veremos — são muitas. Por isso, gostaria de que todos aprendêssemos a cantar no coração, sentindo-a sinceramente, a música esperançosa do Gonzaguinha:

Ah, meu Deus, eu sei que a vida devia ser
bem melhor e será.
Mas isso não impede que eu repita:
É bonita, é bonita e é bonita!

Depende de você e de mim que a vida seja mais bonita, e vou repetir-lhe isso mil vezes, se for preciso... Mas não quero colocar o carro à frente dos bois...

— "É bonita!" Fazer poesia é fácil, mas, na minha opinião, isso não passa do famoso *words, words, words*!

— Então, que Deus o ajude. Você precisa sarar do mal do pessimismo. Não consigo deixar de citar-lhe, por mais que não lhe agradem, aquelas famosas palavras do general Mac Arthur dirigidas aos jovens cadetes de West Point: "És tão jovem quanto a tua fé, tão velho quanto a tua dúvida; tão jovem quanto a tua esperança, tão velho quanto o teu desencanto... Se um dia o teu coração começar a ser mordido pelo pessimismo e roído pelo cinismo, que Deus tenha misericórdia da tua alma de velho".

— Muito obrigado pela descompostura. Acho que o senhor não entendeu nada.

— Não se ofenda, nem eu me vou ofender. Mas já está na hora de pararmos com essa pirotecnia verbal e refletir serenamente. Sabe? Eu gostaria, se você não se importar, de falar-lhe com um pouco de calma, de expor outra visão deste mundo que tanto o amargura..., sem pretender tapar o sol com a peneira nem enfeitar os males com fantasias de carnaval.

— Fique à vontade e fale quanto quiser. Não sou eu que vou amordaçá-lo...

— Muito obrigado... ainda que não entenda isso da mordaça. Acho que não estou sendo tão rude ou intransigente consigo, mas deixemos para lá.

— Desculpe, não queria ofendê-lo. Garanto que sou todo ouvidos.

— Pois bem. Veja. Ainda que pareça um paradoxo, para iniciar a minha reflexão sobre os fortíssimos motivos que temos para ser otimistas, não vou falar de flores nem vou pintar o mundo de azul. Vou começar focalizando *realidades bem sombrias*, que certamente existem. E desde já peço ajuda a Deus para que ambos possamos contemplá-las com os olhos da fé, dessa virtude que proporciona o ajuste do nosso olhar com o de Deus: "É como se contemplássemos tudo com o olho de Deus", diz São Tomás de Aquino.[1] Estou convencido de que, da visão da fé, sempre salta a faísca luminosa do otimismo, mesmo no seio da escuridão mais densa.

---

1   *"Omnia quasi oculo Dei intuemur"*, In Boethio, de Trinitate, q. 3, a. 1.

— Gostaria muito de ver. Afinal, eu tenho fé, e se desabafo com tanta dor, trincando-me todo por dentro, é porque sou um católico convicto que, como tantos outros, vem sofrendo demais...

— Pois, então, valerá a pena tentar.

Como Deus vê as sombras

— Estou convencido de que, para ponderar corretamente os negrumes do mundo, que você tanto lamenta e eu também, é necessário partir de uma certeza que a nossa fé nos garante: Deus ama este mundo, onde há tantas coisas horríveis. Deus o ama até com loucura: *Tanto amou Deus o mundo* — dizia Cristo a Nicodemos — *que lhe deu o seu Filho único, para que todo o que nele crer não pereça, mas tenha a vida eterna* (Jo 3, 16). São Paulo chegará a afirmar que o ama em demasia, quase que passando dos limites: *Deus, que é rico em misericórdia, pelo excessivo amor com que nos amou [...], deu-nos a vida por Cristo* (Ef 2, 4-5).

— Desculpe, mas a respeito dessas afirmações eu vejo uma contradição na Bíblia. Não faz muitos dias, eu que gosto de lê-la diariamente, li e anotei vários trechos da primeira carta de São João, onde parece dizer o contrário. Lembra-se? *Não ameis o mundo nem as coisas do mundo* — diz. — *Se alguém ama o mundo, não está nele o amor do Pai* (1 Jo 2, 15). Como se entende isso? Cristo diz que o Pai ama o mundo e João diz que amar o mundo e amar o Pai são coisas incompatíveis...

— Foi bom você mencionar esse texto, porque aí há um equívoco que é preciso esclarecer. Na realidade, a palavra *mundo*, no Novo Testamento, é usada em três sentidos diversos:

1. umas vezes, significa apenas, de modo geral, o mundo criado por Deus — toda a obra da criação material e espiritual —, e, neste sentido, o livro do Gênesis diz que, após ter criado o mundo, *Deus viu tudo quanto tinha feito, e achou que era muito bom* (Gn 1, 31);

2. outras vezes, significa a humanidade toda, a humanidade que caiu desde o princípio, que pecou, mas que Deus nunca deixou de amar nem desistiu de salvar (*Pois Deus não enviou o Filho ao mundo para condená-lo, mas para que o mundo seja salvo por Ele*: Jo 3, 17), verdade consoladora que Cristo repete uma e outra vez (*"Eu não vim para condenar o mundo, mas para salvá-lo"*: Jo 12, 47);

3. finalmente, há outras ocasiões, bastante frequentes no Novo Testamento, em que a palavra *mundo* é usada para significar tudo aquilo que, nesta terra, se opõe a Deus, ou seja, aquela grande parte deste mundo que está *dominada* pelo pecado. É neste sentido que São João fala, por exemplo, de que o Filho de Deus *estava no mundo e o mundo foi feito per ele, e o mundo não o conheceu* (cf. Jo 1, 10). Dentro dessa perspectiva negativa, Jesus chama ao demônio *príncipe deste mundo* (Jo 14, 30); e João, de maneira bem categórica, declara que *tudo o que há no mundo é concupiscência da carne, concupiscência dos olhos e soberba da vida* (1 Jo 1, 16) e chega a dizer que *o mundo todo jaz sob o poder do Maligno* (1 Jo 5, 19).

É disso, concretamente, que fala o *Catecismo da Igreja Católica* quando diz: "As consequências do pecado original e de todos os pecados pessoais dos homens conferem ao mundo, em seu conjunto, uma condição pecadora, que pode ser designada com a expressão de São João: 'O pecado do mundo' (Jo 1, 29). Com esta expressão quer-se designar também a influência negativa que exercem sobre as pessoas as situações comunitárias e as estruturas sociais que são fruto do pecado dos homens" (n. 408).

O mundo do pecado

— Quando você, amigo leitor, desabafava sobre as sombras do mundo atual, apenas estava constatando que o mundo nesse terceiro sentido, ou seja, o "mundo" moldado e dominado pelo pecado, infelizmente existe e, por vezes, cresce tanto que quase parece ocupar tudo, tapando a visão do resto. Daí o pessimismo. Só que essa constatação esquece um dado fundamental.

— Qual?

— O seguinte. Se um cristão quer julgar o mundo com *realismo*, tem que ver *toda* a realidade, não só uma parte. Concretamente, tem que ver que, neste mundo, ao lado da forte presença do pecado, há a presença ainda mais forte e ativa do amor de Deus. Se só levássemos em conta a presença do pecado, infelizmente evidente, teríamos uma visão míope ou até cega. É preciso que nunca percamos de vista essas "duas" realidades. Bento XVI, no discurso inaugural da Conferência dos Bispos da América Latina e do Caribe, em Aparecida, no dia 13 de maio de 2007, dizia palavras que deveríamos meditar:

> O que é a "realidade"? O que é o real? [...]. Quem exclui Deus do seu horizonte falsifica o conceito de "realidade" e, em consequência, só pode terminar em caminhos equivocados e com receitas destrutivas. A primeira afirmação fundamental é, pois, a seguinte: Só quem reconhece Deus, conhece a realidade e pode responder a ela de modo adequado e realmente humano.[2]

— Tem toda a razão. Mas não é fácil ver a ação de Deus nesse "mundo", o terceiro da sua classificação, o mundo do pecado...

---

2   Cf. *Palavras de Bento XVI no Brasil*, Eds. Paulinas, São Paulo, 2007, pp. 109-110.

— Certo. Então vamos dar mais um passo. Penso que nos servirá de ajuda refletir mais um pouco sobre o que ensina o *Catecismo da Igreja Católica* acerca da presença do pecado e das suas consequências nefastas, ao mesmo tempo que fala — por incrível que pareça — das consequências "maravilhosas" do pecado...

— Maravilhosas? Essa não!

— Espere e verá, e, se você é realmente cristão, terá que concluir que "essa sim". Escute o que diz o *Catecismo*. Depois de recordar que antes de mais nada é preciso "reconhecer a *ligação profunda do homem com Deus,* pois fora desta relação o mal do pecado não é desmascarado na sua verdadeira identidade de recusa e de oposição a Deus..." (n. 386), passa a tratar do pecado original e mostra as suas consequências na vida e na história dos homens:

> A harmonia em que viviam, graças à justiça original, ficou destruída; o domínio das faculdades espirituais da alma sobre o corpo ficou abalado; a união do homem e da mulher ficou sujeita a tensões; as suas relações serão marcadas pela cupidez e pela dominação. A harmonia com a Criação está rompida; a Criação visível tornou-se para o homem estranha e hostil [...]. A partir do primeiro pecado, uma verdadeira "invasão" do pecado inunda o mundo [...]. A Sagrada Escritura e a Tradição da Igreja não cessam de lembrar a presença e a *universalidade do pecado na história* do homem (nn. 400 e 401).

— Diz muito bem o *Catecismo*. É uma fotografia da realidade. Impossível não vê-la. Fala de "inundação" do pecado, e todos vemos que, mais do que uma inundação, hoje é um verdadeiro *tsunami*... Onde está então a "maravilha" de que o senhor falava?

— Está onde a Igreja ensina que está. Sabe o que diz a liturgia da Vigília Pascal ao referir-se ao pecado original? *Feliz culpa, que mereceu ter tal e tão grande Redentor!* — venturosa culpa, que fez com que Jesus viesse a nós! E o que diz São Paulo? *Onde foi abundante o pecado, foi superabundante a graça* trazida pela Redenção. É como se dissesse: "Que fantástico! Graças ao pecado, recebemos a maravilha do amor e da graça de Cristo, mil vezes superior ao pecado" (cf. Rm 5, 20). É um paradoxo, mas é assim.

Essas considerações, como é óbvio, nada têm de levianas. O *Catecismo* fala com plena consciência do mal do pecado, dessa triste realidade que é o único verdadeiro mal do mundo. Mas, se o faz, é para depois poder falar mais alto e com maior força do benefício imenso da Redenção. Mal acaba de expor a doutrina sobre o pecado original, explica que, logo depois da queda dos primeiros pais, "Deus chama o homem e anuncia-lhe de modo misterioso a vitória sobre o mal e o soerguimento da queda", e reforça essa afirmação esperançosa citando palavras de São Leão Magno (século V) tão otimistas como as de São Paulo acima citadas: "A graça inefável de Cristo deu-nos bens melhores do que aqueles que a inveja do Demônio nos havia subtraído"; e, a seguir, transcreve palavras de São Tomás de Aquino cheias da mesma perspectiva otimista: "Deus permite que os males aconteçam para tirar deles um bem maior" (nn. 410 e 412).

A "vitória sobre o mal" fica mais impressionante se tivermos diante dos olhos a magnitude e perversidade do mal, que Deus supera com o "bem maior" que dele tira.

É com essa visão que o Papa João Paulo II, no seu último livro *Memória e identidade,*[3] *refletia sobre os três grandes tsunamis* do século XX, que ele designava por

---

3   Objetiva, Rio de Janeiro, 2005, pp. 15 e segs.

ideologias do mal. Falava por experiência própria, pois tinha sofrido pessoalmente a opressão asfixiante de duas dessas ideologias materialistas e anticristãs que tiranizaram a sua Polônia natal: o nazismo e o comunismo. Vale a pena deter-nos nessas "sombras de Mordor". Já lhe dizia antes que iríamos refletir sobre as sombras — sem atenuá-las nem pintá-las de azul — para depois contemplar melhor a luz.

Três ideologias do mal

O NAZISMO E O MARXISMO

No discurso de Natal dirigido à Cúria Romana em 22 de dezembro de 2005, o Papa Bento XVI fazia uma referência ao livro *Memória e identidade* e dizia: "Tanto no início como no final do mencionado livro, o Papa [João Paulo II] mostra-se profundamente sensibilizado pelo espetáculo do poder do mal que, no século recém-terminado, nos foi concedido experimentar de modo dramático. Diz textualmente: 'Não foi um mal de pequenas dimensões... Foi um mal de proporções gigantescas, um mal que se valeu das estruturas estatais para realizar uma obra nefasta, um mal edificado como sistema'".

Cada uma dessas ideologias pretendia oferecer uma *cosmovisão*: uma interpretação global, totalitária, científica e definitiva da verdade sobre o mundo, o homem, a história, a política, a sociedade... Por outras palavras, atribuíam-se a si mesmas as características de uma autêntica "religião ateia", e foram vividas e impostas como "crenças" dogmáticas intocáveis, como cultos obrigatórios de adoração à tirania totalitária, negadora de Deus, a quem viam como um concorrente que era preciso apagar das consciências e da vida social. Por isso, ambas as ideologias perseguiram ferrenhamente a religião.

As duas juntas levaram ao martírio muito mais cristãos — sem contar a brutalidade inominável do "holocausto" dos judeus — que todas as perseguições sofridas por eles ao longo de vinte séculos. E disto pouco se fala hoje nas aulas universitárias, nos cursinhos e colégios...

— Gostei de ouvir! Confesso que estou farto de escutar e ler ataques contra a Igreja, mesmo em colégios e universidades "católicos", de suportar o cacarejo incessante e monótono de "Inquisição, Inquisição, Inquisição!...", e de não ouvir nem ler nem meia palavra sobre as atrocidades cometidas contra os cristãos e fiéis de outras religiões por Stálin, Mao Tsé Tung, Pol Pot e quejandos... Pelo contrário, alguns desses ditadores, manchados de alto a baixo de sangue ideológico, são ainda apresentados como porta-bandeiras da "salvação" da América Latina e do mundo.

QUE INQUISIÇÃO?

— Já que fez esse desabafo, vou aproveitar a dica. Você sabe como costumo retrucar aos que me questionam sobre a Inquisição? Como os mineiros, respondendo com outra pergunta: "De quê Inquisição está falando?" — E quando me olham com o espanto característico dos sabichões, explico-lhes: "Eu não defendo nem defenderei nunca a Inquisição. Mas é imoral e cínico esquecer que não foi, nem de longe, a única nem a pior 'inquisição' da história. Foram muitas as inquisições dedicadas a julgar cidadãos e condená-los à morte pelo 'crime' de defenderem ideias ou ideologias julgadas intoleráveis, perigosas e daninhas para os 'dogmas' do Estado, para a paz e a unidade da nação".

OTIMISMO CRISTÃO, HOJE

Mesmo no campo religioso, cristão, naqueles séculos em que a unidade de religião era considerada uma questão de estado e elemento indispensável para a segurança dos reinos, os países protestantes tiveram também as suas inquisições, muitas vezes bem mais ativas que as dos reinos católicos. É fato conhecido, por exemplo, que Calvino também acendeu as suas fogueiras em Genebra; na Inglaterra, Henrique VIII e, depois, a rainha Elisabeth, em nome do anglicanismo, fizeram correr barris de sangue de católicos, desde Sir Thomas More — São Tomás More —, antigo chanceler do Reino e um dos "três homens mais cultos da Europa", até monges e monjas contemplativos, como os cartuxos, pacífica e silenciosamente recolhidos em seus mosteiros. E nunca ouviu falar do massacre dos "anabaptistas" (julgados hereges por Lutero) que, liderados por Münzer, se uniram à revolta dos camponeses alemães contra os príncipes de tendência luterana e acabaram sendo vencidos? Conta-se que, num só dia, foram degolados vinte mil deles, com a aprovação de Lutero, que exortava os príncipes germânicos: "Exterminai, decapitai!"...?[4]

— O senhor está lavando a minha alma...

— Espere, que daqui a pouco talvez tenhamos de queimá-la um pouco... Mas, já que estamos nessa, eu queria completar brevemente o quadro inquisitorial. Quando foram comemorados os duzentos anos da Revolução francesa, saíram à luz vários estudos históricos, quase todos de especialistas franceses, muito completos, sobre aquela época. À distancia de dois séculos, já não se fizeram idealizações românticas, mas apresentaram-se documentos, dados e números. É de estarrecer a enorme quantidade de cabeças inocentes de católicos que os tribunais revolucionários, em nome da *liberté, fraternité et*

---

4   Cf. Daniel-Rops, *A Igreja da Renascença e da Reforma*, Quadrante, São Paulo, 1996, pp. 300-301.

DEUS E AS SOMBRAS

egalité, deceparam na França liberal. Tribunais sectários, anticristãos, usando de juízos-relâmpago inquisitoriais, sumaríssimos, eliminavam em poucas horas quem tinha fé católica e fidelidade à Igreja. É paradigmático o julgamento infame e a decapitação na guilhotina das carmelitas do mosteiro de Compiègne, que chegaram juntas ao suplício, cantando o *Veni, Creator Spiritus*. É um episódio que deu pé a duas obras literárias admiráveis: *A última ao cadafalso*, de Gertrud von Le Fort,[5] e os *Diálogos das carmelitas*, de Georges Bernanos.[6]

Em resumo, a verdade é que as inquisições ideológicas de diversas cores, sobretudo as *inquisições laicas* (*não-religiosas*, é importantíssimo frisá-lo!) do "liberalismo", do nazismo e do comunismo, fizeram muitíssimo mais vítimas, em nome dos seus intocáveis "dogmas de fé laica", que a tão cacarejada inquisição dos reinos católicos...

— Isso é que me revolta! Quase sempre são os "liberais anticlericais" — herdeiros diretos da Ilustração e da Revolução francesa —, os marxistas — planta arcaica que custa a murchar —, e os defensores das manipulações genéticas, das experiências com embriões e fetos humanos, do aborto eugênico, da eutanásia etc. — herdeiros diretos, nisso, dos experimentos de vida e morte com seres humanos nos campos de concentração nazistas —, os que grasnam com mais arrogância contra a inquisição das nações católicas, quando eles têm a casa infinitamente mais suja de sangue inquisitorial que qualquer "inquisição católica"... Mas eles são os inocentes, os "científicos", os avançados, os liberais, os juízes dos demais, eles...

— Pare, pare, pare! Você está-se exaltando. Não se lembra de que o diabo é o *pai da mentira*? É lógico que

---

5   Quadrante, São Paulo, 1998.
6   É Realizações, São Paulo, 2013.

os sem-Deus mintam. Além disso, não nos esqueçamos do que Jesus predisse sobre o ódio que o "mundo" (esse "mundo" impregnado de mal de que estávamos falando) dedicaria aos seus discípulos: *Se o mundo vos odeia* — dizia Cristo —, *sabei que me odiou a mim antes que a vós. Se fôsseis do mundo, o mundo vos amaria como sendo seus. Como, porém, não sois do mundo, mas do mundo vos escolhi, por isso o mundo vos odeia* [...]. *Se me perseguiram, também vos hão de perseguir a vós* (Jo 15, 18-20).

— Está bem. Mas o senhor só falou de duas ideologias do mal. Qual é a terceira?

A terceira ideologia do mal

— Já me referi a ela um pouco, de passagem; e você, aliás, também falou bem claramente dela no início do nosso diálogo. É aquela ideologia materialista e hedonista — hoje predominante — que tem o mesmo dogmatismo e a mesma intransigência que as duas anteriores, ainda que, mais do que uma ideologia completa e estruturada, seja um *puzzle* sincretista de ideias hedonistas, de agnosticismo, de relativismo, de niilismo, de libertinagem requintada..., embrulhado tudo no papel colorido do "direito de fazer o que você bem entender", pois para isso é que existe a liberdade...

Como as outras duas ideologias, é ferozmente — diria, febrilmente — anti-cristã, e sobretudo anti-católica. Se quer dar-lhe um nome, vamos chamá-la de *laicismo*, uma "filosofia" que reúne tudo o que acabo de enumerar e mais várias pitadas de condimentos materialistas. O seu credo tem uma única certeza: "Não terás outros deuses fora do teu eu e da tua liberdade absoluta". Como você já dizia, no início da nossa conversa, esse novo dogma da fé ateia ou agnóstica domina cada vez mais o mundo, as esferas do poder, as relações internacionais, a cultura, e quer atropelar tudo.

— É verdade. Por favor, continue.

— João Paulo II, numa audiência de 24/01/2005, dizia que é "uma ideologia que leva gradualmente, de forma mais ou menos consciente, à restrição da liberdade religiosa até promover um desprezo ou ignorância de tudo o que seja religioso, relegando a fé à esfera do privado e opondo-se à sua expressão pública".

Para o laicismo, a democracia só pode existir se todos reconhecerem que não há nem verdades nem valores absolutos, que tudo é relativo, é apenas opinião pessoal. Consiste, como você já sabe, em elevar à categoria de princípios intocáveis o *relativismo*: não há verdades, só há opiniões; e o *subjetivismo*: cada qual tem a "sua" moral, a "sua" religião, os "seus" valores, que valem tanto quanto os dos outros...; basta que ele "sinta" assim.

Alguém professa uma religião? Acredita em verdades e em valores morais baseados na lei divina — a começar pela lei natural, que é a "verdade" racionalmente cognoscível sobre a natureza — e na Palavra de Deus? Esse, então, é um perigo para a democracia! Irão obrigá-lo, à força de pressões da mídia, dos organismos políticos e até da lei, a trancar a sua fé, os seus valores, as suas convicções no porão oculto da sua consciência e no recinto fechado do seu templo. Se ousar expô-los em público, ou, pior ainda, defendê-los como valores éticos válidos para a vida social, terá que ser banido como um perigoso inimigo da liberdade e da democracia.

Com toda a razão, comentava o cardeal Ratzinger, em 2004:

> O laicismo não é mais aquele elemento de neutralidade, que abre espaços de liberdade para todos. Começa a transformar-se numa ideologia, que se impõe

por meio da política e não concede espaço público à visão católica e cristã.[7]

No mesmo ano, em diálogo com o professor universitário e Presidente do Senado italiano Marcello Pera, um agnóstico aberto aos valores éticos, Ratzinger acrescentava:

> Ultimamente tenho notado, com maior frequência, que o relativismo — à medida que se vai tornando a forma de pensamento comumente aceita — tende à intolerância, transformando-se num novo dogmatismo. A *political correctness* (o *politicamente correto*), com a sua pressão onipresente, quereria erguer o reino de *um único modo de pensar e de falar*. [...] Seria assim, desse único modo, que todos deveriam pensar e falar, se quisessem estar à altura do presente. Enquanto a fidelidade aos valores tradicionais e aos conhecimentos (racionais) que os sustentam é tachada de intolerância, o padrão relativista torna-se obrigatório.[8]

É natural que, após a sua eleição como Papa, faça questão de alertar uma e outra vez sobre o perigo da "ditadura do relativismo".

— É espantoso. Imagino que o senhor saiba que, nos Estados Unidos, já é proverbial dizer que a única coisa que, hoje, não é politicamente incorreta é agredir e caluniar a Igreja Católica, o Papa e os sacerdotes católicos, as obras católicas... E isso, não esporadicamente, mas por meio de campanhas mundiais sistemáticas, perfeitamente organizadas. Mas ai de quem discordar das abortistas, das feministas radicais, dos defensores do casamento gay e das experiências com embriões

---

7   Entrevista concedida a Mario Politi, sobre *O laicismo, nova ideologia*, publicada no jornal *La Reppublica*, 19/11/2004.

8   Marcello Pera e Joseph Ratzinger, *Senza radici*, Mondadori, Milão, 2004, pp. 116-117.

humanos...! Todos podem opinar, menos os católicos, reduzidos à condição de infra-cidadãos "malháveis" (desculpe o neologismo).

— E muitos se deixam malhar como carneiros! Seja como for, acho lógico que, perante esses atentados cada vez mais abertos e agressivos contra a liberdade civil dos católicos, a Santa Sé tenha saído em defesa da liberdade religiosa e política dos seus fiéis, com vários documentos, entre eles a *Nota doutrinal sobre algumas questões relativas à participação e comportamento dos católicos na vida política*, da Congregação para a Doutrina da Fé, de 24/11/2002, onde se lê:

> Nas sociedades democráticas, todas as propostas são discutidas e avaliadas livremente. Aquele que, em nome do respeito à consciência individual, visse no dever moral dos cristãos de serem coerentes com a própria consciência um motivo para desqualificá-los politicamente, negando a sua legitimidade de agir em política de acordo com as próprias convicções relativas ao bem comum, cairia numa espécie de intolerante laicismo (n. 6).[9]

Creio que, por ora, isto é suficiente. Mas já está na hora de darmos mais um passo rumo a uma visão otimista do mundo atual, a despeito de todas as nuvens negras de Mordor. Vamos sair ao ar livre e ao sol, mas prepare o seu coração, pois chegou o momento de "queimar" o seu pessimismo...

— Já vejo que chuva grossa vai cair, o ferro em brasa vem para cima de mim...

---

9 Ver o importante volume *Compêndio da Doutrina Social da Igreja*, publicado pelo Pontifício Conselho "Justiça e paz" e editado no Brasil por Eds. Paulinas, São Paulo, 2006 (3a. ed.), pp. 237 e segs.

O SOL BRILHA SOBRE
AS NUVENS

Tanto amou Deus o mundo

— Várias vezes lhe disse que íamos fazer umas reflexões que poderiam arder um pouco na sua alma de pessimista. Vamos começar agora, e peço a Deus que estas "queimaduras", sempre afetuosas, sejam chama e calor que o encham de saúde espiritual e de alegria.

— Saúde? Acha que estou doente?

— Julgue você mesmo. Não me parece saudável um modo de pensar que não coincida com o pensamento de Deus...

— Que quer dizer com isso?

— Quero dizer uma coisa muito simples. O seu pessimismo — compreensível, de resto — leva-o a contemplar este "mundo" invadido pelo pecado com repugnância, ira e desânimo. E nós já vimos que Deus, pelo contrário, contempla este mesmo "mundo", precisamente porque está enlameado, com tanta misericórdia, com tanto amor, que acha que vale a pena dar o seu sangue — o sangue de Cristo, o Filho de Deus — para lavá-lo e plantar bem no coração dele as bandeiras do amor e da esperança.

— Sim. Isso é o que mais dói. Cristo já veio, fez a coisa mais espantosa que podia fazer, dar a vida por todos os homens; e, em troca, hoje querem condená-lo de novo, estão querendo expulsá-lo, "neutralizá-lo".

— É verdade. O "mundo" faz o possível para condenar de novo Cristo e expulsá-lo da vida dos homens e mulheres. Já o recordávamos ao mencionar o "ódio do mundo" anunciado por Jesus. Ele sabia disso perfeitamente. Mas também é verdade que nada disso toldou nem o amor nem a alegria com que quis dar livremente a sua vida pela salvação "deste mundo".

Talvez penetremos melhor no seu coração, se nos lembrarmos da sua despedida, na Última Ceia, cuja crônica *de visu* foi feita por São João, reclinado à mesa junto dEle. Naquele momento de intimidade e despedida, Jesus anunciou claramente aos Apóstolos a sua paixão e morte iminente. Tinha plena consciência de que *chegara a sua hora de passar deste mundo ao Pai* (Jo 13, 1), e de que morreria no meio dos tormentos e desprezos mais atrozes, acabando como um detrito humano, um fracassado. Como é que Ele via essa sua morte? Desejando-a, mesmo que lhe custasse suores de sangue (cf. Lc 12, 50 e Jo 10, 17-18), desejando-a porque ela era o cume do seu amor: *Como o Pai me ama, assim também eu vos amo [...]. Ninguém tem maior amor que aquele que dá a sua vida pelos seus amigos* (Jo 15, 9. 13).

É fundamental perceber que, a esse seu "fracasso" (o fato de morrer destroçado pelos inimigos), Ele o chama a sua *glória* e a sua *vitória*: *Agora é glorificado o Filho do homem* (Jo 13, 31); *Coragem! Eu venci o mundo* (Jo 16, 33). Há, em tudo isso, um belíssimo mistério, em que vale a pena penetrar.

— Não posso negar que há aí algo de muito sugestivo...

O amor dado ao mundo

— Espero não complicar as coisas se, para captar o cerne desse mistério, agora acrescento que a maior alegria de Jesus, perante a sua Paixão e após a Ressurreição, foi ver que chegara enfim a hora em que, como fruto do seu

O SOL BRILHA SOBRE AS NUVENS

Sacrifício redentor, poderia entregar-nos o dom do Espírito Santo. Compreendo que isto parece não ter muita conexão com o que estávamos dizendo...

— Parece... Pelo menos eu não capto a conexão.

— Permita-me, então, prosseguir mais um pouco. Volto à Última Ceia, tal como a recorda São João. Enquanto o Senhor se despedia, antes de padecer, dando aos Apóstolos as últimas instruções — o seu "testamento" —, foi fazendo numerosos incisos para falar, uma e outra vez, do Espírito Santo. Era algo que não lhe saía do coração. Não vou citar todos esses incisos. Só dois deles, que me parecem mais esclarecedores. O primeiro: *Agora vou para aquele que me enviou, e nenhum de vós pergunta: para onde vais? Mas porque vos falei assim, a tristeza encheu o vosso coração. Entretanto, digo-vos a verdade: convém a vós que eu vá! Porque, se não for, o Paráclito* [o Espírito Santo] *não virá a vós; mas se for, eu vo-lo enviarei* (Jo 16, 5-7). E o segundo: *Eu rogarei ao Pai, e ele vos dará outro Paráclito, para que fique eternamente convosco. É o Espírito da Verdade, que o mundo não pode receber, porque não o vê nem o conhece, mas vós o conhecereis, porque permanecerá convosco e estará em vós* (Jo 14, 16-17).

— Bonito! Mas continuo sem achar a conexão...

— A conexão vamos vê-la logo, com a ajuda de Deus. Você sabe quem é o Espírito Santo?

— A terceira pessoa da Santíssima Trindade.

— Perfeitamente. Então talvez saiba que, no seio da Trindade, desse mistério inefável, inexprimível, deslumbrante da intimidade de Deus, o Espírito Santo é o Amor, o amor indescritível entre o Pai e o Filho. Não é um simples sentimento de amor, nem apenas um vínculo de relação amorosa, mas o Amor em Pessoa, o amor substancial de Deus que, por sua vez, *é Deus*, uma Pessoa divina! Um Amor que *é Deus*! Você percebe?

— Acho que começo a entender.

— Sim! Cristo salva o mundo, prostrado pela inundação do pecado, que é a escória do "egoísmo", com dois atos de perfeito amor, de perfeito anti-egoísmo, de *amor até ao extremo* (cf. Jo 13, 1).

Primeiro, oferece-se em sacrifício para expiar os nossos pecados, ou seja, envolve o abismo maligno do pecado num imenso abismo de amor — a sua entrega na Cruz —, num amor infinitamente superior a todas as abominações do pecado. Neste sentido, o Apocalipse começa dizendo que Jesus Cristo é *aquele que nos ama, que nos lavou dos nossos pecados no seu sangue* (Ap 1, 5).[1]

Segundo. Cristo, ao alcançar-nos na Cruz a remissão dos pecados, abriu as portas para que pudéssemos receber na nossa alma redimida o dom do Espírito Santo, o próprio Amor divino com o qual Deus nos abraça, nos inflama em suas chamas divinas, nos transforma em filhos "muito amados" (cf. Ef 5, 1), unidos ao Filho, em "outros Cristos", e nos infunde a capacidade sobre-humana de amá-lo e de nos amarmos mutuamente tal como Jesus amou; e de fazê-lo de um modo que vai muito além das nossas capacidades humanas, pois nos foi infundida a potência do próprio Amor divino, do Espírito Santo (cf. Gl 4, 4-7; Rm 5, 5).

O amor de Deus — dirá São Paulo — *foi derramado nos nossos corações pelo Espírito Santo que nos foi dado.* Precisamente por isso, ele pôde acrescentar que a nossa *esperança não engana* (Rm 5, 5). Sim, somos amados com loucura, salvos, resgatados, pelo Amor todo-poderoso. Por mais que as trevas o escondam, no mundo está presente o Amor. Aí está a razão do nosso otimismo, precisamente porque esse Amor misericordioso

---

1 Cf. Francisco Faus, *A sabedoria da Cruz*, Quadrante, São Paulo, 3ª ed., 2018.

veio ao mundo para ficar. Jamais se apagará, jamais nos abandonará, sempre estará oferecido a quem quiser abrir-lhe a alma. Dele todos, se quisermos, poderemos viver, e com a sua força poderemos mudar a nossa vida e mudar o mundo.

A vitória que vence o mundo

— Você, meu bom amigo pessimista (a caminho de virar otimista), perceberá melhor agora por que o Papa Bento XVI, perfeito conhecedor do mundo atual e de seus *tsunamis*, começou publicando uma encíclica otimista sobre o Amor de Deus (*Deus caritas est*), e acaba de publicar a segunda encíclica, otimista também, sobre a esperança (*Spe salvi*). Ele sabe, pela força da fé, o que acabamos de comentar: que Jesus trouxe ao mundo, definitivamente, o Amor, a única coisa que salva e que pode dar sentido à vida e à história.

> Não é a ciência que redime o homem — lemos na encíclica *Spe salvi* —. O homem é redimido pelo amor [...]. O ser humano necessita de amor incondicionado [...]. Se existe esse amor absoluto com a sua certeza absoluta, então — e somente então — o homem está "redimido", independentemente do que lhe possa acontecer [...]. A verdadeira e grande esperança do homem, que resiste apesar de todas as desilusões, só pode ser Deus — o Deus que nos amou, e ama ainda agora, "até o fim", "até a plena consumação" (cf. Jo 13, 1 e 19, 30).[2]

No contexto desse parágrafo da encíclica, que citei só parcialmente, o Papa inclui uma belíssima mensagem

---

2   Bento XVI, Carta Encíclica *Spe salvi*, 30.11.2007, ns. 26 e 27.

de otimismo que São Paulo dirige aos romanos: *Se Deus é por nós, quem será contra nós? Aquele que não poupou o seu próprio Filho, mas por todos nós o entregou, como não nos dará com ele todas as coisas?* Mensagem que conclui com um cântico jubiloso: *Quem nos separará do amor de Cristo? A tribulação? A angústia? A perseguição? A fome? A nudez? O perigo? A espada?* [...]. *Mas, em todas essas coisas, somos mais que vencedores* [literalmente: *hypernikómen*, "super-vencemos"] *pela virtude daquele que nos amou* (Rm 8, 31-32. 35-37). Acima de tudo, há a certeza da vitória!

Está vendo como se corta o nó górdio do paradoxo, do mistério de que acima falávamos? Cristo transforma a sua humilhação e o seu fracasso na Cruz em amor que nada pode deter, em uma invencível "inundação de amor". Cristo fez do próprio mal do mundo, do pecado, dos crimes, dos horrores dos homens, o "motivo" que o levou a encarnar-se e a morrer por nós. Como fruto do seu sacrifício, deu-nos o Espírito Santo. Vê como Jesus, dos males que a você o desanimam, tirou o impulso para dar ao mundo os maiores bens?

— Desculpe. Meditar, como acaba de fazer, sobre a bondade e misericórdia de Deus é cativante. Mas acho que, vendo o panorama do mundo atual, Jesus continua a chorar, como chorou sobre Jerusalém no início da sua "semana santa"... Aquelas palavras tão conhecidas: *Jerusalém, Jerusalém, que matas os profetas e apedrejas aqueles que te são enviados! Quantas vezes eu quis reunir os teus filhos, como a galinha reúne os seus pintinhos debaixo de suas asas..., e tu não quiseste!* (Mt 23, 37).

— Sim, Jesus chorou e sofreu pensando na rejeição daquele povo que amava e na de tantos outros homens e mulheres ao longo dos tempos, talvez especialmente dos tempos atuais. Mas nada disso abalou a sua decisão de *amar até o fim*. Por isso temos, podemos ter, e sempre poderemos ter esperança. Por isso somos e sempre seremos otimistas.

— Será que tanto otimismo não é utopia?

Realidade ou utopia?

— Acho que a melhor resposta a essa tentação de ceticismo no-la vai dar o Papa Bento XVI. Na parte final da encíclica *Deus é amor* (*Deus caritas est*), fala de que "os cristãos continuam a crer, não obstante todas as incompreensões e confusões do mundo circunstante, 'na bondade de Deus e no seu amor pelos homens' (Tt 3, 4). Apesar de estarem imersos, como os outros seres humanos, na complexidade dramática das vicissitudes da história, permanecem inabaláveis na certeza de que Deus é Pai e nos ama, ainda que o seu silêncio seja incompreensível para nós".[3]

E acrescenta, com palavras que convém meditar:

> A fé mostra-nos o Deus que entregou o seu Filho por nós e, assim, gera em nós a certeza vitoriosa de que isto é mesmo verdade: Deus é amor! Desse modo, Ele transforma a nossa impaciência e as nossas dúvidas em esperança segura de que Deus tem o mundo nas suas mãos e que, não obstante todas as trevas, Ele vence [...]. A fé que toma consciência do amor de Deus revelado no coração trespassado de Jesus na cruz, suscita, por sua vez, o amor. Aquele amor divino é a luz — fundamentalmente, a única — que ilumina incessantemente um mundo às escuras e nos dá a coragem de viver e agir. O amor é possível, e nós somos capazes de o praticar porque criados à imagem de Deus. Viver o amor e, desse modo, fazer

---

3 *Spe salvi*, n. 38.

OTIMISMO CRISTÃO, HOJE

entrar a luz de Deus no mundo: tal é o convite que vos queria deixar com a presente encíclica.[4]

Utopia? As utopias são divagações sonhadoras, ou teimosos apriorismos ideológicos, divorciados da realidade. Cristo é "realista". Nunca prometeu um triunfo geral e avassalador. Ninguém melhor do que Ele conhece o caráter sagrado da liberdade que Ele próprio nos outorgou. Podemos dizer-lhe "sim" e podemos dizer-lhe "não". Ele nada quer impor-nos, apenas propor-nos: *Eis que estou à porta do teu coração e bato. Se alguém escutar a minha voz e me abrir a porta, entrarei e cearei com ele...* (Ap 3, 20). A liberdade de dizer "não" sempre estará na mão de todos os homens. Mas também estará a liberdade de dizer "sim" e de mudar o mundo, lavando-o num *tsunami* de Verdade e de Amor.

"A vida — escreve ainda Bento XVI[5] — não é um simples produto das leis e dos acasos da matéria". Não estamos em um mundo cego, à deriva. "Em tudo e, contemporaneamente, acima de tudo — prossegue —, há uma Vontade pessoal, há um Espírito que em Jesus se revelou como Amor". Deus não deixará que o mundo se transforme num pião desvairado, mesmo que às vezes chegue à beira disso. Deus está presente e age: *Meu Pai continua agindo até agora* — diz Jesus — *e eu ajo também* (Jo 5, 17). E isso não é utopia, é uma verdade prodigiosa.

A pequena semente

Quer mais um alicerce para o otimismo cristão? Leia o Novo Testamento, do começo ao fim, e comprovará

---

4   *Spe salvi*, n. 39.

5   *Spe salvi*, n. 5.

O SOL BRILHA SOBRE AS NUVENS

que, se, por um lado, é verdade que nem Cristo nem os Apóstolos jamais nos prometeram um paraíso na terra, por outro, também é verdade que nunca falaram de uma devastação moral absoluta, que apagasse a esperança, nem sequer ao anunciar as piores crises de fé da humanidade e a vinda de muitos anticristos (cf. 2 Ts 2, 3-4; 1 Jo 2, 18; 1 Tm 4, 1-2 etc.).

Jesus não prediz aos seus discípulos nem sucessos retumbantes nem derrotas catastróficas. O que Ele faz é propor-lhes reiteradamente um mistério de esperança, que nunca deveríamos esquecer: *O Reino de Deus* — que com Ele veio ao mundo — *é como o grão de mostarda que, quando é semeado, é a menor de todas as sementes; mas, depois de semeado, cresce, torna-se maior que todas as hortaliças e estende de tal modo os seus ramos que as aves do céu podem abrigar-se à sua sombra* (Mc 4, 31-32). É uma imagem do que a presença de Cristo, do que a graça do Espírito Santo faz, na alma e no mundo, se somos fiéis.

Esta comparação, esta parábola, complementa-se com a do trigo e o joio. *O Reino dos céus é semelhante a um homem* — Jesus — *que tinha semeado boa semente em seu campo* (o mundo). Aconteceu, porém, que, na calada da noite, o Inimigo (o demônio e os seus seguidores) espalhou joio, erva daninha, no meio do trigo. Ambos cresceram, e o dono do campo viu o joio crescer de mistura com o trigo, aumentando, ameaçando acabar com ele. Mas só na época da colheita — no dia do Juízo — é que o joio será separado do trigo. Os que *fazem o mal* serão lançados fora, *e os justos, no Reino do Pai, resplandecerão como o sol* (cf. Mt 13, 24-30.36-43).

Você vê nessa parábola uma perspectiva otimista ou pessimista?

— Mais ou menos. Muito otimista é que não parece...

— Pois João Paulo II discorda de você: "Na realidade — diz ele —, a parábola pode ser tomada como chave de leitura para toda a história do homem. Com diverso sentido nas várias épocas, o 'trigo' cresce juntamente com o 'joio' e, vice-versa, o 'joio' com o 'trigo'. A história da humanidade é o palco da coexistência do bem com o mal. Isto significa que, se o mal existe ao lado do bem, *também o bem persevera ao lado do mal, e cresce*".[6]

A boa semente sempre cresce, porque sempre há boa terra, almas generosas e fiéis. É alentadora essa promessa de que o grão de mostarda, o grão de trigo, existirá até o fim do mundo e sempre, de um modo ou de outro, crescerá, umas vezes de maneira oculta para nós; outras, de forma palpável, exuberante. Num e noutro caso, é nosso dever perseverar, colaborar, corresponder à graça divina, para que a semente arraigue e se desenvolva, mantendo a fé mesmo que, durante longo tempo, não esteja aparentemente a crescer.

Vamos agora dar ainda um novo passo na nossa reflexão, perguntando-nos: Essa pequena semente, o que é? Cristo disse, na parábola do semeador, que é a palavra de Deus (cf. Lc 8, 11). Mas isso não esgota o seu significado. Há uma comparação audaz, utilizada por São João, que me parece enormemente sugestiva. Ele diz que o próprio Espírito Santo é a *semente de Deus*, que reside em nós, os cristãos unidos a Deus pela graça (cf. 1 Jo 3, 9). Acho isto fabuloso. Essa *semente* é Deus! É o seu Amor! É o Espírito Santo. E é próprio do Espírito Santo "produzir" — se é que se pode falar assim — almas santas. A partir delas, a partir dos santos — que nunca faltaram nem faltarão na história da Igreja —, é que a semente continuará a ser espalhada sem cessar pelo mundo e sempre dará fruto.

---

6   *Memória e identidade*, p. 14.

O SOL BRILHA SOBRE AS NUVENS

Uma comparação e um episódio

Como exemplo do que acabo de dizer, gostaria de comentar brevemente uma comparação e um episódio histórico.

Primeiro, a "comparação", sempre insuficiente — como é lógico — quando se trata e expressar realidades divinas. Não sei se você assistiu a um documentário excelente sobre o deserto da Namíbia, na África. Creio que, na versão brasileira, se chamava, com um toque de humorismo, *Os bichos também são gente boa.*

Mostrava a desolação espantosa desse deserto, na época da seca. Quem não conhecesse a realidade diria que era como um Saara irrecuperável. No entanto — como acontece de modo análogo no nosso sertão nordestino —, quando chegava a época das chuvas torrenciais, o deserto acordava, estremecia, pulsava, transformava-se num jardim exuberante de vida vegetal e animal: árvores frondosas, carregadas de frutos; arbustos; capim à farta; bandos de elefantes, búfalos, gnus, macacos..., lagos atulhados de peixes e povoados por aves inúmeras...

Pensando nisso, acho que você tinha uma visão saariana do mundo atual, mas não se esqueça de que, mesmo no pior momento, a *semente de Deus*, ainda que não se perceba e pareça ter morrido, está neste nosso mundo atrapalhado, e mantém nele a sua fecundidade divina. Quando a chuva da graça cai em almas "generosas e boas" (cf. Lc 8, 18), pode despontar no mundo um vergel divino.

Quanto ao "episódio", vou contar-lhe um fato, ao mesmo tempo trágico e luminoso, ocorrido em 1996 na Argélia. Pode achar a história mais detalhada num texto do pe. Fernando Pascual, incluído no web-site *catholic.net.*

Trata-se do martírio de sete monges trapistas franceses, que se encontravam num mosteiro nas montanhas da zona do Atlas, em Tibhirine, perto da cidade de Medea. O mosteiro tinha recebido o nome de Nossa Senhora do Atlas. Dedicavam-se à oração e prestavam serviços humildes aos muçulmanos mais necessitados da região.

Em 26 de março de 1996, sete monges desse mosteiro foram sequestrados por um comando radical de terroristas islâmicos. Após diversas vicissitudes, no dia 21 de maio desse mesmo ano os sete monges — entre eles, o abade — foram degolados. Só em 30 de maio é que os seus restos mortais foram achados perto de Medea.

Entre dezembro de 1993 e janeiro de 1994, o abade do mosteiro, padre Christian de Chergé, prevendo esses trágicos eventos, havia escrito um testamento espiritual, testemunhando nele o seu amor a Cristo e, por Ele, a todos os muçulmanos da zona. Reproduzo uns poucos parágrafos:

> Se algum dia me acontecesse ser vítima do terrorismo, eu quereria que a minha comunidade, a minha Igreja, a minha família, se lembrassem de que a minha vida estava entregue a Deus e a este país. Peço-lhes que rezem por mim.
>
> Como posso ser digno dessa oferenda? Eu desejaria, ao chegar esse momento da morte, ter um instante de lucidez tal, que me permitisse pedir o perdão de Deus e o dos meus irmãos os homens, e perdoar eu, ao mesmo tempo, de todo o coração, aos que me tiverem ferido.
>
> Se Deus o permitir, espero poder mergulhar o meu olhar no olhar do Pai, e contemplar assim, juntamente com Ele, os seus filhos do Islã tal como Ele os vê; que os possa ver iluminados pela glória de Cristo, fruto da sua Paixão, inundados pelo dom do Espírito... Por essa minha vida perdida, totalmente minha e totalmente deles, dou graças a Deus.

O SOL BRILHA SOBRE AS NUVENS

Finalmente, dirigindo-se ao seu futuro assassino, escrevia: "E a ti também, meu amigo do último instante, que não sabias o que estavas fazendo, também a ti dirijo esta ação de graças..., e peço a Deus que nos seja concedido reencontrar-nos no Céu, como 'bons ladrões' felizes no Paraíso, se assim Deus, Pai nosso, teu e meu, o quiser. Amém! Im Jallah!".

Esse monge, você acha que um dia verá esse sonho realizar-se? Parece muito difícil, não é?

— Parece mesmo.

— Pois eu ousaria dizer que Deus faz coisas incríveis com a sua graça, sobretudo em resposta às orações dos que creem nEle e o amam de verdade. Penso que esses monges, ignorados de todos e perdidos nos confins desérticos da Argélia, encarnam o mistério do grão de mostarda; e especialmente encarnam o mistério daquele grão de trigo de que falava Jesus pouco antes da sua Paixão: *Se o grão de trigo, caindo na terra, morrer* — morrer por amor —, *produzirá muito fruto* (cf. Jo 12, 24). A força do amor cristão e os seus frutos impressionantes não podem ser pesados por nenhuma balança humana.

Mas justamente essa história nos leva a dar mais outro passo nas nossas reflexões.

DOIS RIOS CRISTALINOS DE VIDA

Uma metáfora luminosa

São muitas as imagens que a Bíblia utiliza para falar do Espírito Santo. Todas aproximativas, pois não há metáfora humana que possa exprimir o Amor que há no seio da Trindade. Juntas, porém, permitem vislumbrar a sua insondável riqueza.

Vimos há pouco a imagem da *semente*, que, se não me engano, só João utiliza. O próprio Espírito Santo veio, no dia de Pentecostes, sob a figura das *línguas de fogo* que pousaram sobre Maria, os Apóstolos e as santas mulheres (At 2, 3), simbolizando a luz e o fogo de Deus. Jesus refere-se ao Espírito Santo com as imagens do *vento, que sopra onde quer* (Jo 3, 8), do Consolador ou Defensor (Jo 14, 16, etc.) e, sobretudo, da *fonte* ou *rio de águas vivas* que tudo vivifica (Jo 4, 14 e 7, 38-39).

Esta última imagem reaparece, de forma extremamente poética, no final do livro do Apocalipse: *Mostrou-me então o anjo um rio de água viva, resplandecente como cristal, saindo do trono de Deus e do Cordeiro* (Ap 22, 1). Os melhores comentaristas veem aí uma referência à Trindade: o *rio da água viva* é a graça do Espírito Santo; o *trono de Deus* é o trono de Deus Pai, e o *Cordeiro* é Cristo.

É um modo de expressar a realidade de que o Pai e o Filho, depois de realizada a obra da Redenção, não cessam de enviar ao mundo um rio de graças juntamente com o Espírito Santo. Se, neste momento, eu tivesse que dar uma aula de teologia, diria que essas águas vivas e cristalinas — luminosas, *resplandecentes como cristal* — nos chegam, sobretudo, através da ação do Espírito Santo nos Sacramentos (Batismo, Crisma, Eucaristia, Confissão, etc.); também através da oração; e ainda como um dom que Deus nos concede por qualquer boa ação praticada com amor a Deus e ao próximo, por pequena que seja.

Agora, porém, com a perspectiva própria desta nossa conversa, desejava falar-lhe de uma ação especialmente intensa do Espírito Santo na história, uma ação que, ao longo dos séculos, atravessa as "trevas do mundo"; uma dupla intervenção do Espírito Santo, que, por mais densas e asfixiantes que essas trevas possam ser, *vence o mundo* (cf. 1 Jo 5, 4).

Dentro do símbolo do *rio*, vou dizer que o Espírito Santo, após o dia de Pentecostes, não cessa de manter *dois grandes rios de vida e de luz*, dois rios que nenhum acúmulo de crimes e pecados pode turvar nem secar. São dois rios que atravessam as "sombras" da história sem que elas consigam detê-los (cf. Jo 1, 5). Embora muitas vezes essas sombras se lhes oponham com furor e grande violência, eles continuam a avançar e fecundam de Verdade e de Amor um mundo em que parecem ir-se apagando, cada vez mais, os sinais da verdade e do amor.

Sim, meu bom amigo, ainda que as ideias, as doutrinas, o ambiente, os costumes, os vícios, as modas..., rodopiem doidamente e dancem de forma alucinada, arrastando homens e mulheres — especialmente os jovens — numa roda-viva de confusão; ainda que, dentro da própria Igreja, possa parecer, às vezes, que os chamados a trazer a luz tragam a noite e tentem substituir os diamantes da fé pelas areias movediças dos seus desvarios, tenha a certeza de que Deus nos dá e nos dará sempre — sempre! — a absoluta segurança desses dois rios de luz, que são também

DOIS RIOS CRISTALINOS DE VIDA

os dois pilares inabaláveis onde poderemos apoiar-nos com plena confiança na vida e na morte.

— E quais são esses dois rios?

— O primeiro é formado pelos *santos*, pela corrente ininterrupta dos santos que, ao longo de toda a história, jamais faltaram na Igreja e que refletem com as suas vidas o "rosto de Cristo". Eles são como tochas acesas pelo Espírito Santo, que, pela sua fidelidade, mantêm brilhando no mundo a "sinalização divina". *Resplandecem como o sol* (Mt 13, 43), são as *luminárias no mundo* (Fil 2, 15), e demonstram que o amor é mais forte do que o mal.

Estou convencido de que hoje, mais ainda do que em outras épocas, todas as pessoas de boa vontade — a começar pelos católicos — precisam conhecer e imitar a vida dos santos, precisam ler muitas vidas de santos, assistir a gravações visuais sobre vidas de santos: serão para todos janelas abertas a panorâmicas desconhecidas, empolgantes, onde verão reverberar a verdade e a bondade de Deus, que infelizmente desconhecem. Não duvide de que a verdade cristã está com os santos, está na vida dos santos. No mais humilde deles há mais verdade que nos livros de mil teólogos tíbios ou envaidecidos.

"Os santos — diz Bento XVI na encíclica *Deus é amor*[1] — são os verdadeiros portadores de luz dentro da história, porque são homens e mulheres de fé, esperança e caridade". E, numa homilia pronunciada em 1994, antes da sua eleição para o supremo pontificado, tendo como pano de fundo os ataques à Igreja motivados pelas fraquezas humanas dos seus membros ao longo da história, dizia:

> O admirável não é que nessa Igreja — que somos nós — haja pecados. O admirável é que, apesar de tudo,

---

1 Bento XVI, *Deus caritas est*, 25/12/2005, n. 40.

a Palavra de Deus tenha continuado presente nela através dos séculos, que os Sacramentos permaneçam sempre os mesmos e se renovem uma e outra vez na sua força e frescor incorruptíveis. O admirável é que desse vigor da Palavra de Deus, e apesar de todo o bloqueio que lhe opomos, tenha nascido sempre de novo a renovação da Igreja e do mundo, que em todas as gerações tenham surgido santos. Também hoje os há; e, se não abrirmos os olhos apenas para a suspeita, mas também para o bem, poderemos encontrá-los ao nosso redor.[2]

— E o segundo rio?

— O segundo rio é o *Magistério autêntico* da Igreja, único farol da Verdade que guia com segurança o mundo para o porto de Deus, um farol que nunca deixou nem deixará de iluminar a humanidade, e que jamais se extinguirá.

— Sugestivo. Mas receio que, ao ouvi-lo falar da Igreja, alguns encolham o nariz e comecem a desconfiar de tudo ó que vem dizendo...

— Se fosse assim, eu pediria que, até mesmo por honestidade intelectual, suspendessem o juízo e, em vez de se deixarem levar por "pré-conceitos" antes de saberem o que vou dizer, aguardassem, ouvissem e só depois formassem o seu juízo.

Mas vamos começar com o rio cristalino da santidade, contemplando o exemplo de três homens de Deus dos nossos dias: João Paulo II, São Josemaria Escrivá e o cardeal vietnamita François Xavier Ngûyen Van Thuân. Escolhi esses três nomes, entre muitos outros, por oferecerem o testemunho de vidas que atravessaram vitoriosas o *vale das sombras da morte*, as "ideologias do mal" do nosso tempo.

---

2   Joseph Ratzinger, *Homilias sobre os santos*, Quadrante, São Paulo, 2007, pp. 62-63.

"Como luminárias no mundo": Os Santos

JOÃO PAULO II: NÃO TENHAM MEDO!

À SOMBRA DAS IDEOLOGIAS DO MAL

Permita-me resumir e glosar aqui uns comentários sobre a esperança e o otimismo exemplares de João Paulo II, publicados há quase três anos, pouco depois de que Deus o chamasse a Si.[3]

Desde que iniciou a sua preparação para o sacerdócio, Karol Wojtyla foi colocado por Deus numas circunstâncias dramáticas, em que só podia ser fiel à sua vocação "atravessando o vale das sombras da morte". A sua terra, a Polônia, esteve dominada durante boa parte do século XX pelas duas "ideologias do mal" que mais acirradamente se propuseram aniquilar o Cristianismo: o nazismo e o comunismo. A aventura heroica, empolgante, que significou para o seminarista, o padre e o bispo Wojtyla a vida no ambiente de guerra, de ditaduras cruéis e de perseguições desencadeadas por essas duas ideologias está bem descrita nas boas biografias existentes.[4]

O perigo nazista foi derrotado em 1945, mas a sombra do marxismo totalitário e ateu cresceu e pairou opressivamente sobre a Polônia dominada, e ameaçava o mundo inteiro até a sua decomposição e queda, acontecida no final dos anos oitenta.

Contudo, quase vinte anos antes dessa falência do "comunismo real", outras sombras escuras estavam surgindo, densas e igualmente agressivas contra Cristo e a

---

3   Francisco Faus, *A força do exemplo*, Quadrante, São Paulo, 2018, pp. 106 e segs.

4   Ver, por exemplo, a biografia de George Weigel, *Testemunho de esperança*, Bertrand, Lisboa, 2000, p. 227.

Otimismo Cristão, Hoje

sua Igreja, contra a fé e a moral cristãs: aquelas sombras a que nos referíamos acima do materialismo hedonista e consumista do Ocidente, cada vez mais alicerçado na ideologia laicista, que hoje — como já comentamos — ataca a Igreja quase com a mesma ferocidade ideológica que o nazismo e o marxismo-leninismo.

João Paulo II, no seu livro evocativo *Memória e identidade*, comenta que, ao cessarem os campos de extermínio — os campos de concentração nazistas e os *gulag* comunistas da União Soviética e seus satélites —, assistimos hoje ao

> extermínio legal de seres humanos concebidos e ainda não nascidos; trata-se de mais um caso de extermínio decidido por parlamentos eleitos democraticamente, apelando para o progresso civil das sociedades e da humanidade inteira. E não faltam outras formas graves de violação da Lei de Deus; penso, por exemplo, nas fortes pressões [...] para que as uniões homossexuais sejam reconhecidas como uma forma alternativa de família, à qual competiria também o direito de adoção. É lícito e mesmo forçoso perguntar-se se aqui não está atuando mais uma ideologia do mal, talvez mais astuciosa e encoberta, que tenta servir-se, contra o homem e contra a família, até dos direitos humanos.[5]

Esse quadro seria de molde a encolher o ânimo e suscitar uma visão pessimista do futuro. Pois bem, é justamente sobre essas sombras de fundo que resplandece mais, com fulgor de santidade, a esperança alegre, serena e segura que animou, em todos os momentos, a alma e o trabalho de João Paulo II, incansável até o dia da sua morte. Nunca nele se viu um gesto de desalento, uma lamúria, um comentário negativo ou amargo, nem

---

5   *Memória e identidade*, pp. 22-23.

uma desistência desanimada. Viu-se sempre, pelo contrário, um otimismo juvenil, cheio de iniciativas, fundamentado numa fé igualmente jovem e inquebrantável.

NÃO TENHAIS MEDO:
A MISERICÓRDIA É MAIS FORTE QUE O MAL

Acho importante frisar que o otimismo desse grande Papa não era coisa temperamental, nem uma "pose" bem-intencionada, adotada para ajudar os fiéis a superar tempos difíceis. Era a manifestação da esperança sobrenatural cristã, que vive apoiada em Deus. Essa esperança possuía raízes profundamente fincadas na alma de João Paulo II.

Todos os que vivemos, de perto ou de longe, a surpresa da sua eleição, guardamos a lembrança do dia 22 de outubro de 1978, data do início solene do seu pontificado. Como nos dias da sua morte, uma multidão apertava-se na Praça de São Pedro. O Papa começou a pronunciar a sua homilia, no meio de um silêncio total. Pouco depois de iniciá-la, os fiéis sentiram um estremecimento no coração, porque João Paulo II, esboçando um leve sorriso, encarou o povo de frente e, com um ar jovial, seguro, tranquilo, lançou com voz clara e forte um apelo: — "Não tenhais medo! Abri as portas ou, melhor, escancarai as portas a Cristo!"

Esse apelo, que conclamava os católicos e os homens de boa vontade a olhar para o futuro com esperança, tornou-se para o Papa como que o "refrão" do seu pontificado. Dezesseis anos mais tarde, em 1994, ele mesmo glosava essas palavras numa entrevista concedida ao jornalista Vittorio Messori, transcrita no livro *Cruzando o limiar da esperança*:[6]

---

6   Livraria Francisco Alves, Rio de Janeiro, 1995, pp. 201 e segs.

OTIMISMO CRISTÃO, HOJE

Não tenhais medo!, dizia Cristo aos Apóstolos (Lc 24, 36) e às mulheres (Mt 28, 10), depois da Ressurreição [...]. Quando pronunciei essas palavras na Praça de São Pedro, não me podia dar conta plenamente de quão longe elas acabariam levando a mim e à Igreja inteira. Seu conteúdo provinha mais do Espírito Santo, prometido pelo Senhor Jesus aos Apóstolos como Consolador, do que do homem que as pronunciava. Todavia, com o passar dos anos, eu as recordei em várias circunstâncias. Tratava-se de um convite para vencer o medo na atual situação mundial [...]. Talvez precisemos mais do que nunca das palavras de Cristo ressuscitado: "Não tenhais medo!" Precisa delas o homem [...], precisam delas os povos e as nações do mundo inteiro. É necessário que, em sua consciência, retome vigor a certeza de que existe Alguém que tem nas mãos a sorte deste mundo que passa; Alguém que tem as chaves da morte e do além; Alguém que é o *Alfa* e o *Ômega* da história do ser humano. E esse Alguém é Amor, Amor feito homem, Amor crucificado e ressuscitado. Amor continuamente presente entre os homens. É Amor eucarístico. É fonte inesgotável de comunhão. Somente Ele é que dá a plena garantia às palavras: "Não tenhais medo".

A mesma esperança daquela primeira mensagem de João Paulo II em 1978 animou a última mensagem, que tinha preparado para o domingo, dia 3 de abril de 2005, e que não chegou a pronunciar, pois desde o dia anterior já estava no céu. Mas essa derradeira mensagem não se perdeu. No domingo previsto, que era a oitava da Páscoa, "Domingo da misericórdia divina", foi lida, em seu nome, à multidão congregada na praça de São Pedro:

À humanidade — dizia —, que às vezes parece perdida e dominada pelo poder do mal, do egoísmo e do medo, o Senhor ressuscitado oferece a sua misericórdia como dom do seu amor que perdoa, reconcilia e reabre o ânimo à esperança. É um amor que converte os corações e doa a paz. Quanta necessidade tem o mundo de compreender e acolher a Divina Misericórdia! Senhor, que com a vossa morte e ressurreição reveleis o amor do Pai, nós acreditamos em Vós e hoje vos repetimos com confiança: "Jesus, confio em Vós! Tende misericórdia de nós e do mundo inteiro!"

A mensagem terminava convidando a "contemplar com os olhos de Maria o imenso mistério desse amor misericordioso que brota do coração de Cristo".

O CORDEIRO É MAIS FORTE QUE O DRAGÃO

Desde o início do seu pontificado — e também antes, por ocasião das exéquias do Papa falecido e do novo Conclave —, Bento XVI nos tem ajudado a contemplar o exemplo da vida santa de João Paulo II, especialmente o da sua esperança, do seu santo otimismo. Eu queria reproduzir aqui apenas dois dos seus comentários.

O primeiro foi feito no discurso natalino à Cúria romana pronunciado em 22 de dezembro de 2005, que antes mencionei. Nesse discurso, o Papa cita o seguinte trecho do livro *Memória e identidade* de João Paulo II, referente ao "poder do mal" no século que findou: "Não foi um mal de pequenas dimensões... Foi um mal de proporções gigantescas, um mal que se valeu das estruturas estatais para realizar uma obra nefasta, um mal edificado como sistema".

E Bento XVI glosava:

O mal é porventura invencível? É a última verdadeira potência da história? Por causa da experiência do mal, para o Papa Wojtyla a questão da redenção tornou-se a interrogação essencial e central da sua vida e do seu pensar como cristão. Existe um limite contra o qual o poder do mal se despedaça? Sim, existe, responde o Papa nesse seu livro, como também na sua Encíclica sobre a redenção. O poder que põe um limite ao mal é a misericórdia divina. À violência, à ostentação do mal, opõe-se na história a misericórdia divina, como "o totalmente outro" de Deus, como o próprio poder de Deus. O cordeiro é mais forte do que o dragão, poderíamos dizer com o Apocalipse.

O outro comentário é um trecho da homilia pronunciada por Bento XVI no dia em que iniciou o seu pontificado, 24 de abril de 2005:

> Neste momento, a minha recordação volta ao dia 22 de outubro de 1978, quando o Papa João Paulo II deu início ao seu ministério aqui na Praça de São Pedro. Ainda, e continuamente, ressoam aos meus ouvidos as suas palavras de então: "Não tenhais medo, abri de par em par as portas a Cristo!" O Papa dirigia-se aos fortes, aos poderosos do mundo, os quais tinham medo de que Cristo pudesse tirar algo ao seu poder, se o deixassem entrar e concedessem liberdade à fé. Sim, Ele ter-lhes-ia certamente tirado algo: o domínio da corrupção, da perturbação do direito, do arbítrio. Mas não teria tirado nada do que pertence à liberdade do homem, à sua dignidade, à edificação de uma sociedade justa.

Como vê, leitor amigo, ambos, o Papa Wojtyla e o Papa Ratzinger, tinham bem presentes, diante dos olhos, as sombras do "mundo", mas souberam encará-las com a força serena e invencível da esperança, do otimismo cristão.

DOIS RIOS CRISTALINOS DE VIDA

*SÃO JOSEMARIA ESCRIVÁ: AMAR
O MUNDO APAIXONADAMENTE*

SANTOS NO MEIO DO MUNDO

— O segundo homem de Deus, cujo exemplo acho importante recordar, é São Josemaria Escrivá, o fundador do Opus Dei, uma luminária que brilha especialmente no meio das sombras do "mundo" moderno.

Chamado por Deus a proclamar no mundo a mensagem da vocação universal de todos os batizados à santidade e ao apostolado, soube olhar com otimismo, com luzes do Espírito Santo, este mundo envolto em sombras, e ver nele exatamente *o cenário da santidade e do apostolado* que Deus pede aos cristãos comuns, aos homens e mulheres que vivem e trabalham nesta terra. A missão do Opus Dei, cuja fundação Deus lhe confiou, é precisamente esta: proclamar, em todos os ambientes, esse apelo positivo, empolgante, otimista, de que todos são chamados a ser santos, sem sair do mundo, sem necessidade de abandonar o mundo; de que precisamente o trabalho profissional e os deveres cotidianos do cristão podem ser meio e ocasião de santidade e de apostolado.

Em 1930, dois anos após a fundação do Opus Dei, escrevia:

> Viemos dizer, com a humildade de quem se sabe pecador e pouca coisa — *sou um homem pecador* (Lc 5, 1), dizemos com Pedro —, mas com a fé de quem se deixa guiar pela mão de Deus, que a santidade não é coisa para privilegiados: que o Senhor nos chama a todos, de todos espera Amor: de todos, estejam onde estiverem; de todos, seja qual for o seu estado, a sua profissão ou ofício. Porque esta vida corrente, cotidiana, sem relevo, pode ser meio de santidade: não é preciso abandonar o mundo para

procurar a Deus, se o Senhor não dá a uma alma a vocação religiosa [para uma ordem ou congregação religiosa], uma vez que todos os caminhos da terra podem ser ocasião de um encontro com Cristo.[7]

— Santos, neste mundo "inundado de pecado". Sem dúvida, é um ideal maravilhoso, mas, para muitos, que conhecem como é que é mesmo o "mundo", pode parecer quase impossível...

— Assim pensavam e diziam, nos anos de começo do Opus Dei e depois, alguns católicos, inclusive alguns eclesiásticos, que achavam impossível santificar-se neste "mundo" tão afastado de Deus. Por isso chamavam "louco" a São Josemaria. É interessante que, quando esteve no Brasil, um estudante paulista lhe perguntou como foi que o tinham chamado louco, e ele respondeu:

> Faz muitos anos, diziam de mim: Está louco! Tinham razão. Eu nunca disse que não estivesse louco. Estou *louquinho perdido* de amor de Deus. E desejo para você a mesma *doença*". E acrescentava: "Parece-te pouca loucura dizer que no meio da rua se pode e se deve ser santo? Que pode e deve ser santo o homem que vende sorvetes num carrinho, e a empregada que passa o dia na cozinha, e o diretor de uma empresa bancária, e o professor da Universidade, e aquele que trabalha no campo, e aquele que carrega malas às costas?... Todos chamados à santidade![8]

Otimismo: pés no chão, alma em Deus

Será que isso é ingenuidade? Não, evidentemente, porque não são ingênuas as obras da fé e do amor inspiradas

---

7 São Josemaria Escrivá, *Carta*, 24.03.1930.
8 Salvador Bernal, *Perfil do Fundador do Opus Dei*, Quadrante, São Paulo, 1978, p. 130.

DOIS RIOS CRISTALINOS DE VIDA

por Deus. Sobretudo quando essas obras suscitadas por Deus já produziram frutos maduros em muitos milhares de almas. Mas, além disso, é bom lembrar que São Josemaria tinha uma perspectiva tão afastada do pessimismo como daquele otimismo vazio e sonhador, que paira acima da realidade sem se encontrar nunca com ela.

O otimismo de São Josemaria era de pés no chão e cabeça e coração em Deus. Nunca se iludiu. Ao longo de toda a vida, conheceu a dor e experimentou o veneno das presas peçonhentas do "mundo" fincando-se na sua carne e na sua alma, fazendo-o sofrer — sem toldar-lhe jamais a alegria — e abalando-lhe a saúde.

Os primeiros passos da obra que Deus lhe inspirou foram dados numa Espanha em que o ambiente era agressivamente hostil para os católicos, em que as ideologias do mal se digladiavam, em que a fidelidade à fé era julgada um crime, em que o ódio à Igreja e à religião ia crescendo até ganhar, com o eclodir da guerra civil de 1936-1939, proporções monstruosas. Baste lembrar a estatística dos assassinatos perpetrados pelas próprias autoridades, por agentes comunistas e pelas milícias anarco-sindicalistas: foram martirizados cerca de 4.000 sacerdotes e 2.500 religiosos (membros de ordens ou congregações religiosas), além de muitos outros milhares de fiéis leigos, pelo simples fato de serem católicos. Só na diocese de Madrid, à qual pertencia na altura São Josemaria, foram executados 334 padres seculares, e o próprio pe. Escrivá teve que se ocultar, perseguido de morte, refugiando-se onde podia, passando fome e sede; e, além disso, dilacerado pela dor de saber do martírio de uma porção de colegas padres, que tinham sido grandes amigos seus.[9]

---

9   Andrés Vázquez de Prada, *O Fundador do Opus Dei*, vol. II, Quadrante, 2004, pp. 90-197.

— Não sabia que a perseguição tivesse sido tão terrível.

— Foi mesmo. Várias centenas de mártires dessa perseguição já foram beatificados ou canonizados. Mas eu mencionei esses fatos históricos só para frisar que São Josemaria não tinha uma imagem do mundo adocicada nem irreal. Conhecia-o, do mesmo modo que conheceu, até à morte, as calúnias, as investidas do ódio e da mentira caindo injustamente sobre si e sobre a obra por ele fundada; também as procedentes de irmãos na fé, "a contradição dos bons", como a chamava. A todos perdoou, sem resíduos de rancor, desde o primeiro momento.

> Temos que compreender a todos — repetia incansavelmente —, temos que conviver com todos, temos que desculpar a todos, temos que perdoar a todos. Não diremos que o injusto é justo, que a ofensa a Deus não é ofensa a Deus, que o mau é bom. No entanto, perante o mal, não responderemos com outro mal, mas com a doutrina clara e com a ação boa: afogando o mal em abundância de bem (cf. Rm 12, 21). Assim Cristo reinará na nossa alma e nas almas dos que nos rodeiam.[10]

Só indiretamente, falando na terceira pessoa, é que deixava entrever o que sofreu por amor a Deus; por exemplo, nestes trechos de uma homilia, em que dizia que, para os que querem trabalhar por Cristo, "é possível que, já desde o princípio, se levantem grandes nuvens de pó e que, ao mesmo tempo, os inimigos da nossa santificação empreguem uma técnica tão veemente e tão bem orquestrada de terrorismo psicológico — de abuso de poder —, que arrastem em sua absurda direção inclusive aqueles

---

10 São Josemaria Escrivá, *É Cristo que passa*, 5ª ed., Quadrante, São Paulo, 2014, n. 182.

que durante muito tempo mantinham outra conduta mais lógica e reta". Surgem, então, "mentiras, detrações, desonras, embustes, insultos, murmurações tortuosas [...], tratam de uma maneira que vai da desconfiança à hostilidade, da suspeita ao ódio [...]; fazem uso de lugares comuns, fruto tendencioso e delituoso de uma propaganda massiva e mentirosa".[11]

O MUNDO É O CAMPO DE DEUS

Pois bem, no meio dessas dificuldades, que nunca faltaram ao fundador e aos seus filhos, São Josemaria seguiu o seu caminho — fiel ao que Deus lhe pedia — sem hesitações, sem desânimo nem medo, sem pausas nem recuos, convencido daquela verdade que São Paulo escreveu aos romanos, e que ele pessoalmente meditou e fez meditar inúmeras vezes: *Deus faz concorrer todas as coisas para o bem daqueles que o amam — "omnia in bonum!"* (Rm 8, 28).

Nunca o abandonou a firme convicção que deixou estampada no n. 301 do seu livro *Caminho*: "Um segredo. — Um segredo em voz alta: estas crises mundiais são crises de santos. Deus quer um punhado de homens 'seus' em cada atividade humana. — Depois... *pax Christi in regno Christi* — A paz de Cristo no reino de Cristo".[12] A serviço desse ideal, que era a sua vocação divina, dedicou a vida inteira, sem se poupar.

Assim, quando Deus o chamou a si, em 26 de junho de 1975, o Opus Dei já estava estendido pelos cinco continentes e contava 60 mil membros de 80 nacionalidades, a serviço da Igreja. E a sua mensagem de santidade e

---

11 Cf. São Josemaria Escrivá, *Amigos de Deus*, 4ª ed., Quadrante, São Paulo, 2018, ns. 298 e 301.

12 *Caminho*, 11ª ed., Quadrante, 2016, n. 301.

apostolado no meio do mundo, através da santificação do trabalho profissional, continua a fecundar, como a semente da parábola evangélica, cada vez mais pessoas e ambientes.

Esse foi o otimismo cristão de São Josemaria que, como ele mesmo dizia, *é consequência necessária da fé*.[13] Estava convencido de que, por mais joio que exista, o mundo é o campo de Deus, o campo que Deus ama e nos pede que amemos, e que nos confia para que, nele, continuemos a obra de Cristo: *Ide pelo mundo inteiro e anunciai a Boa--Nova — o Evangelho — a toda a criatura... Eis que estou convosco todos os dias, até o fim dos tempos* (Mc 16, 15 e Mt 28, 20).

Se você quiser apreciar uma bela amostra do calor de otimismo cristão que ele difundiu e continua a difundir pelo mundo, recomendo-lhe que leia e medite a homilia que pronunciou numa Missa no *campus* da Universidade de Navarra, em 8 de outubro de 1967, e que tem como título: "Amar o mundo apaixonadamente".

— Gostaria imenso de conhecer essa homilia.

— O texto encontra-se no livro *Entrevistas com Mons. Josemaria Escrivá*,[14] e uma pequena amostra são os pará-grafos que cito a seguir:

> Meus filhos: aí onde estão os nossos irmãos os homens, aí onde estão as nossas aspirações, o nosso trabalho, os nossos amores — aí está o lugar do nos-so encontro cotidiano com Cristo. No meio das coisas mais materiais da terra é que nós devemos santificar--nos, servindo a Deus e a todos os homens.
>
> Tenho-o ensinado constantemente com palavras da Escritura Santa: o mundo não é ruim, porque saiu das mãos de Deus, porque é criatura dEle, porque

---

13   Cf. *Caminho*, n. 378.
14   4ª ed., Quadrante, São Paulo, 2016, pp. 277 e segs.

DOIS RIOS CRISTALINOS DE VIDA

Javé olhou para ele e viu que era bom (cf. Gn, 1, 7 e segs.). Nós, os homens, é que o fazemos ruim e feio, com os nossos pecados e as nossas infidelidades. Não duvidem, meus filhos; qualquer modo de evasão das honestas realidades diárias é para os homens e mulheres do mundo coisa oposta à vontade de Deus.

Pelo contrário, devem compreende agora — com uma nova clareza — que Deus os chama a servi-Lo *em* e *a partir* das tarefas civis, materiais, seculares da vida humana. Deus nos espera cada dia: no laboratório, na sala de operações de um hospital, no quartel, na cátedra universitária, na fábrica, na oficina, no campo, no seio do lar e em todo o imenso panorama do trabalho. Não esqueçamos nunca: há *algo* de santo, de divino, escondido nas situações mais comuns, algo que a cada um de nós compete descobrir.

Eu costumava dizer àqueles universitários e àqueles operários que me procuravam lá pela década de 30, que tinham de saber *materializar* a vida espiritual. Queria afastá-los, assim, da tentação, tão frequente nessa época e agora, de levar uma vida dupla: a vida interior, a vida de relação com Deus, por um lado; e por outro, diferente e separada, a vida familiar, profissional e social, cheia de pequenas realidades terrenas.

Não, meus filhos! Não pode haver uma vida dupla, não podemos ser como esquizofrênicos, se queremos ser cristãos. Há uma única vida, feita de carne e espírito, e essa é que tem de ser — na alma e no corpo — santa e plena de Deus, desse Deus invisível, que nós encontraremos nas coisas mais visíveis e materiais. Não há outro caminho, meus filhos: ou sabemos encontrar o Senhor em nossa vida de todos os dias, ou não O encontraremos nunca. Por isso, posso afirmar que nossa época precisa devolver à matéria e às situações aparentemente mais vulgares seu nobre e original sentido: pondo-as ao serviço do Reino de Deus, espiritualizando-as, fazendo delas meio e ocasião para o nosso encontro contínuo com Jesus Cristo.

— Fantástico! Quero ler essa homilia inteira!

— Vai gostar. Eu desejaria terminar este comentário acrescentando trechos de umas palavras que João Paulo II pronunciou na homilia da Missa da canonização de São Josemaria, em 6 de outubro de 2002, e no discurso que dirigiu aos peregrinos após a Missa de ação de graças pela canonização, concelebrada no dia seguinte. São palavras que resumem, não só o significado da mensagem desse santo, como ainda a expectativa alegre e otimista da Igreja a respeito dos frutos da vida e da obra dele, do "santo do cotidiano", como João Paulo II o qualificou:

> Elevar o mundo a Deus e transformá-lo a partir de dentro: eis o ideal que o Santo Fundador lhes indica, queridos irmãos e irmãs que hoje se alegram pela sua elevação à glória dos altares. Ele continua a recordar-lhes a necessidade de não se deixarem atemorizar perante a cultura materialista que ameaça dissolver a identidade mais genuína dos discípulos de Cristo [...]. Seguindo os seus passos, difundam na sociedade, sem distinção de raça, classe, cultura ou idade, a consciência de que todos somos chamados à santidade.
>
> São Josemaria Escrivá estava profundamente convencido de que a vida cristã implica uma missão e um apostolado, de que estamos no mundo para redimi-lo com Cristo. Amou o mundo apaixonadamente, com um "amor redentor". Precisamente por essa razão, os seus ensinamentos ajudam tantos fiéis comuns a descobrir o poder redentor da fé, a sua capacidade de transformar a terra [...]. Este sacerdote santo ensinou que Cristo deve estar no cume de todas as atividades humanas. A sua mensagem anima o cristão a atuar

DOIS RIOS CRISTALINOS DE VIDA

nos lugares onde se forja o futuro da sociedade. Somente através da presença ativa dos leigos em todas as profissões e nas mais avançadas fronteiras do desenvolvimento é que se pode dar uma contribuição positiva para o fortalecimento da harmonia entre a fé e a cultura, uma das grandes necessidades da nossa época.[15]

CARDEAL VAN THUÂN: A VITÓRIA DA ESPERANÇA

O PRISIONEIRO DE CRISTO

Na encíclica sobre a esperança (*Spe salvi*), Bento XVI menciona com destaque o exemplo do cardeal vietnamita François Xavier Ngûyen Van Thuân: "Sobre os seus treze anos de prisão — escreve —, nove dos quais em isolamento, o inesquecível cardeal Nguyên Van Thuân deixou-nos um livro precioso: *O caminho da esperança*. Durante treze anos de prisão, numa situação de desespero aparentemente total, a escuta de Deus, o poder falar-lhe, tornou-se para ele uma força crescente de esperança que, depois da sua libertação, lhe permitiu ser para os homens de todo o mundo uma testemunha da esperança, daquela grande esperança que não declina, mesmo nas noites de solidão".[16]

Conhece a história desse bispo perseguido, preso e torturado pelo governo marxista-leninista do Vietnã?

— Ouvi falar, mas não conheço detalhes.

— Não é o momento de traçar uma biografia, mas de meditar no seu exemplo, pois, neste mundo escuro, é uma luz que brilha nas trevas. Baste, para isso, recordar que,

---

15 São Josemaria Escrivá, *Folha informativa*, n. 18, 2005, pp. 7 e segs.

16 *Spe salvi*, n. 32.

sendo arcebispo coadjutor de Saigon, quando os comunistas tomaram essa cidade, capital do país, foi preso pelas novas autoridades. Era o dia da Assunção de Nossa Senhora, 15 de agosto de 1975. Essa prisão iria prolongar-se por treze anos, nove dos quais — como lembra o Papa — numa cela minúscula, em completo isolamento.

A tortura a que foi submetido era de molde a desmontar psiquicamente qualquer pessoa, a destruí-la moralmente. Ele mesmo a descreveu como "uma tortura mental, no vazio absoluto, sem trabalho, caminhando dentro da cela desde a manhã até às nove e meia da noite..., no limite da loucura", e revela alguns detalhes estarrecedores:

> Enquanto me encontro na prisão de Phú-Khánh, em uma cela sem janela, com um calor asfixiante, sufocante, sinto a minha lucidez diminuir pouco a pouco... Umas vezes, a luz continua acesa noite e dia; outras, é sempre escuridão. Há tanta umidade que os fungos crescem sobre a minha cama. Na escuridão vi um buraco na base da parede, para escorrer a água. Por isso passei mais de cem dias agachado com o nariz colado àquele buraco para respirar. Quando chove, sobe o nível da água; pequenos insetos, pequenas rãs, minhocas e centopeias vêm do lado de fora. Deixo-os entrar, pois não tenho mais forças para afastá-los. Escolher Deus!... Deus me quer aqui![17]

— Meu Deus! A que ponto chegam as ideologias do mal!

---

17 A maior parte das citações de palavras do cardeal estão tiradas dos seguintes livros: *Testemunhas da esperança*, retiro pregado à Cúria romana em 2000 (Cidade Nova, São Paulo, 2002), *Cinco pães e dois peixes* (Santuário, Aparecida, 2017) e *O caminho da esperança* (Edusc, Bauru, 1999).

— Está certo. Mas com maior razão podemos dizer: a que ponto chegam a fé, a esperança, o amor e a força da graça divina! Porque, do meio desses horrores, surgiu — amadurecido, grande! — um homem santo (seu processo de canonização já está em andamento), portador da alegria e da esperança de Deus para este mundo que, no dizer do cardeal Ratzinger, "separando-se de Deus, é como um planeta fora do seu campo gravitacional, vagando sem rumo pelo nada".[18]

Um rochedo no mar tempestuoso

A Bíblia fala diversas vezes de Deus como do *meu rochedo*, e Jesus compara o homem de fé àquele que *construiu a sua casa sobre rocha*, de modo que quando *caiu a chuva, vieram as enchentes, sopraram os ventos e investiram contra aquela casa, ela não caiu, porque estava edificada sobre rocha* (Mt 7, 24-25). Assim fizeram os santos, e por isso desnortearam as tiranias do mundo, todos os poderes do mal; na sua fraqueza e na aparente derrota, mostraram-se mais fortes do que eles. Desse modo *venceram o mundo* (cf. Jo 16, 33)

Em 20 de setembro de 2002, João Paulo II celebrou as exéquias do cardeal Van Thuân, recém-falecido em Roma. Na homilia, lembrava que, durante o ano 2000, lhe pedira que preparasse as meditações para o retiro da Cúria romana, a que o Papa assistiria, e ele escolheu como tema *Testemunhas da esperança*.

> *Espera em Deus!* — dizia o Papa, nas exéquias. — Foi com esse convite a confiar no Senhor que o estimado Purpurado deu início às meditações

---

18 Joseph Ratzinger, *Cooperadores de la verdad*, Rialp, Madri, 1991, p. 14.

do retiro [...]. Ele narrava que, precisamente no cárcere, tinha compreendido que o fundamento da vida cristã consiste em "escolher unicamente a Deus", abandonando-se de maneira integral nas suas mãos paternas.

O seu segredo — explicava ainda o Papa — era uma confiança indômita em Deus, alimentada pela oração e pelo sofrimento aceito com amor. Na prisão, celebrava cada dia a Eucaristia com três gotas de vinho [conseguido da família em conceito de "medicamento"] e uma gota de água na palma da mão. Esse era o seu altar, a sua catedral. O Corpo de Cristo era o seu "remédio". Por isso, narrava com emoção: "Todas as vezes eu tinha a oportunidade de estender as minhas mãos e de me cravar na Cruz juntamente com Jesus, de beber com Ele o cálice mais amargo. Em cada dia, recitando as palavras da Consagração, confirmava com todo o meu coração e com toda a minha alma um novo pacto, uma aliança eterna entre mim e Jesus, mediante o seu sangue que se misturava ao meu". "Eram — afirmava D. Van Thuân — as mais belas Missas da minha vida".

Ele mesmo escreveu, no livro que reúne as meditações do seu retiro: "Em todos os tempos, e de modo especial em tempos de perseguição, a Eucaristia foi o segredo da vida dos cristãos: o alimento das testemunhas, o pão da esperança".

A GRANDEZA DO AMOR VENCE O ÓDIO

Nesse retiro pregado à Cúria romana, o cardeal Van Thuân comentava a grandeza e a beleza do amor de Cristo: "O amor de Deus que Jesus, ao dar-nos o Espírito Santo, semeou nos nossos corações é um amor completamente gratuito. Ele — esse amor posto no nosso coração — ama sem interesse, sem esperar nada em troca. Não ama somente porque é amado ou por outros motivos, embora bons, como o de corresponder à amizade humana. Não fica vendo se o outro é amigo ou hostil. É o primeiro a amar, toma a iniciativa" (cf. Rm 5, 8; 1 Jo 4, 19).

Esse amor é o que o arcebispo Van Thuân conseguiu praticar heroicamente, com a graça de Deus, nos seus treze anos de cativeiro. "Para fazer resplandecer o amor que vem de Deus — dizia —, devemos amar a todos, sem excluir ninguém [...]. Todos! Não um 'todos' ideal, a massa das pessoas do mundo, mas um 'todos' concreto".

Num dos relatos do seu cativeiro, conta que, colocado no isolamento e vigiado por dois guardas, não conseguia que nenhum conversasse com ele. Só diziam "sim" ou "não". Que devia fazer?

> É muito triste; quero ser gentil, cortês com eles, mas é impossível, evitam falar comigo. Não tenho nada para lhes dar de presente: sou prisioneiro, todas as roupas são marcadas com grandes letras "*cai-tao*", isto é, "campo de reeducação". Que devo fazer?
>
> Uma noite, veio-me um pensamento: "François, tu és ainda muito rico. Tens o amor de Cristo no teu coração. Ama-os como Jesus te ama". No dia seguinte, comecei a amá-los, a amar Jesus neles, sorrindo, trocando palavras gentis. Comecei a contar-lhes histórias das minhas viagens ao exterior, como vivem os povos na América, Canadá, Japão, Filipinas, Cingapura, França, Alemanha..., a economia, a liberdade, a tecnologia. Isso estimulou a curiosidade dos guardas e incitou-os a perguntar-me muitas outras coisas. Pouco a pouco nos tornamos amigos. Queriam aprender línguas estrangeiras, francês, inglês... Os meus guardas tornavam-se meus alunos! A atmosfera da prisão mudou muito.

> A qualidade do nosso relacionamento melhorou muito. Até com os chefes da polícia. Quando viram a sinceridade do meu relacionamento com os guardas, não só pediram para continuar a ajudá-los no estudo de línguas estrangeiras, mas ainda me mandaram novos estudantes.[19]

Isso explica o pasmo com que um dia o carcereiro lhe perguntou: — "O senhor nos ama verdadeiramente?" Vale a pena transcrever todo o diálogo:

— "Sim, eu os amo sinceramente.

— "Mas nós o tivemos preso durante tantos anos, sem julgá-lo, sem condená-lo, e o senhor nos ama? É impossível, isso não é verdade!

— "Estive muitos anos com vocês. Você viu que isso é verdade.

— "Quando for libertado, não vai mandar os seus fiéis incendiar as nossas casas e matar as nossas famílias?

— "Não. Mesmo que você queira matar-me, eu o amo.

— "Mas, por quê?

— "Porque Jesus me ensinou a amar a todos, mesmo aos inimigos. Se eu não o fizer, não sou digno de ser chamado cristão.

— "É muito bonito, mas difícil de compreender..."

Tocado pelo exemplo da fé e da piedade desse homem de Deus, outro militante comunista, que tinha sido escalado para espioná-lo e depois se tornou seu amigo, teve um gesto que comove.

> Antes da libertação me prometeu: "A minha casa fica a três quilômetros do santuário de Nossa Senhora de Lavang. Irei até lá rezar por você". Acreditei na sua

---

19 F. X. Ngûyen Van Thuân, *Cinco pães e dois peixes*, pp. 54-55.

DOIS RIOS CRISTALINOS DE VIDA

amizade, mas duvidei que um comunista fosse rezar a Nossa Senhora. Eis que um dia, talvez seis anos depois, enquanto eu estava no isolamento, recebi uma carta dele! Escrevia: "Caro amigo, prometi ir rezar a Nossa Senhora de Lavang por você. Faço-o todos os domingos, se não chove. Pego minha bicicleta quando escuto tocar o sino. A basílica foi inteiramente destruída pelo bombardeio; então vou ao monumento da aparição que permanece ainda intacto. Rezo por você assim: Senhora, não sou cristão, não conheço as orações, peço-te dar ao senhor Thuân o que ele deseja". Fiquei comovido no profundo do meu coração. Certamente Nossa Senhora o escutará.[20]

Com toda a simplicidade, esse autêntico mártir cristão, pôde sintetizar a história das suas perseguições com estas breves palavras, que João Paulo II fez questão de citar na homilia das exéquias: "No abismo dos meus sofrimentos, jamais cessei de amar a todos, sem excluir ninguém do meu coração". E, no seu testamento, corroborava: "Parto com serenidade e não conservo ódio por ninguém". Este é o espírito de Cristo. Esta é a graça do Espírito Santo, este o rio de águas cristalinas que fecunda de amor o mundo e o impede de se perder. Esta é a *vitória que vence o mundo* (1 Jo 5, 4).

— Reconheço que um homem assim é um clarão de luz, cem vezes superior às nuvens negras do mal do mundo, e que ele sozinho tem mais "força" que o mundo inteiro, com todas as suas ideologias...

— Sim, e digo-lhe que agora me parece ouvir de novo as palavras de São Josemaria que, perante as "nuvens" de que você falava e que comentamos tão amplamente no início desta nossa conversa, nos repete: — *Estas crises*

---

20 *Cinco pães e dois peixes*, pp. 37-38.

OTIMISMO CRISTÃO, HOJE

mundiais são crises de santos... E nos incentiva: — "Ilumina com o resplendor da tua fé e do teu amor. Apaga, com a tua vida de apóstolo, o rastro viscoso e sujo que deixaram os semeadores impuros do ódio"...[21] Não acha que isso nos interpela, de um modo muito pessoal...? Que não "podemos" deixar de levá-lo muito a sério e perguntar-nos: "O que Deus espera de mim?"

— É uma perspectiva em que não tinha pensado como devia. É grande, mas perturbadora...

— Pois esta é uma das conclusões práticas, pessoais, que devemos tirar da meditação dos males do mundo. Deus precisa de nós, mas precisa que nos decidamos a ser santos, a lutar por ser santos. Especialmente no mundo atual, os cristãos conscientes não podem conformar-se com a mediocridade, com uma bondade raquítica e morna. É preciso apontar alto. "É hora — dizia João Paulo II — de propor de novo a todos, com convicção, a '*medida alta*' da vida cristã ordinária",[22] e Bento XVI lembrava-nos, na homilia da Missa de canonização de Frei Galvão: "Só dos santos, só de Deus provém a verdadeira revolução, a mudança decisiva do mundo. Este é o convite que faço hoje a todos vós, do primeiro ao último, nesta imensa Eucaristia. Deus disse: *Sede santos, como eu sou santo* (Lv 11, 44)".[23]

Tomemos, pois, boa nota disso: aqui está a nossa responsabilidade. Fugir desse ideal, desse empenho por ser autênticos amigos de Cristo, por procurá-lo, imitá-lo, amá-lo e servi-lo, seria uma traição à nossa vocação cristã, e às exigências do nosso tempo.

---

21 *Caminho*, n. 1.

22 João Paulo II, Carta Apostólica *Novo Millennio Ineunte*, 06/01/2001, n. 31.

23 *Palavras do Papa Bento XVI no Brasil*, p. 41.

Uma luz nas trevas: o magistério da Igreja

"Como o Pai me enviou, assim eu vos envio"

— Vamos falar agora do segundo rio cristalino de luz e de vida a que antes me referia: o Magistério da Igreja.

Ao lado do testemunho dos santos, o Magistério *autêntico* da Igreja é outro facho da luz e do calor da vida que Cristo, mediante a ação do Espírito Santo, mantém aceso sem cessar no mundo, como um farol brilhante — dizíamos acima —, como o único farol que guia com segurança para o porto de Deus, e que nunca deixou nem deixará de iluminar a humanidade.

— O senhor diz isso com tanta convicção, com tanta fé...

— Mas, escute... Você também tem fé! Por isso sofre e se amargura com a situação do mundo! É justamente disso que estamos falando o tempo todo. Eu gostaria muito de poder ajudá-lo a desempoeirar essa fé e a torná-la, como deveria ser, um farol erguido nos cumes e uma fonte de otimismo.

— Eu lhe agradeço. Bem que gostaria...

— Muito bem. Vamos lá. Você, que conhece o Evangelho, deve lembrar-se de que, na Última Ceia, quando Jesus se despedia dos Apóstolos, lhes disse, com palavras cheias de ternura: *Não vos deixarei órfãos. Voltarei a vós [...]. Agora estais tristes, mas hei de ver-vos outra vez, e o vosso coração se alegrará e ninguém vos tirará a vossa alegria* (Jo 14, 18 e 16, 22). E pouco antes de subir ao Céu prometeu-lhes: *Eis que estou convoco todos os dias, até o fim do mundo* (Mt 28, 20). Como é que é essa presença de Cristo?

— Bem. Eu sei que Jesus ressuscitou, está vivo, e está presente sobretudo na Eucaristia...

OTIMISMO CRISTÃO, HOJE

— Muito certo. Na Eucaristia está Cristo, verdadeira, real e substancialmente presente, com seu corpo, seu sangue, sua alma e sua divindade. Mas há outras formas de presença de Cristo no mundo — *estou convosco todos os dias* —, uma das quais agora nos pode ajudar a ganhar otimismo: concretamente a sua presença na Igreja, que Ele fundou para que fosse a continuadora, a atualizadora, da sua obra redentora no mundo.

— Tudo isso é muito bonito, mas parece-me um pouco complicado...

— Vamos ver se o descomplicamos, ouvindo palavras simples que Jesus nos diz. Gostaria de começar evocando um momento marcante da vida de Cristo. No próprio dia da ressurreição, já completada a obra da redenção, Jesus apareceu à tarde no Cenáculo e disse aos Apóstolos lá reunidos: *Como o Pai me enviou, assim também eu vos envio a vós* (Jo 20, 21). Você calibra o alcance dessas palavras? Preste atenção e repare que Jesus quis fazer dos seus Apóstolos nada menos que os responsáveis e continuadores da sua missão salvadora..., seus outros "Eu"! Faz deles "instrumentos vivos" de si mesmo para continuarem a guiar os homens como Ele, o Bom Pastor, e para levá-los — como Ele e com Ele — à luz da verdade, às fontes da santidade e, enfim, à vida eterna.

Para que não houvesse dúvidas sobre esse plano divino, em outro momento o Senhor disse aos Apóstolos: *Quem vos ouve, é a mim que ouve; e quem vos rejeita, é a mim que rejeita; e quem me rejeita, rejeita Aquele que me enviou* (Lc 10, 16).

— *Quem a vós ouve, é a mim que ouve.* Isso é muito forte, tendo em conta o abismo que há entre o Filho de Deus e os homens da Igreja, carregados de limitações e defeitos...!

— Claro que é forte! É fortíssimo, e não daria para acreditar, se Cristo não o afirmasse tão categoricamente.

DOIS RIOS CRISTALINOS DE VIDA

Mas espere um pouco, há coisas ainda mais fortes. Você já leu no Evangelho o diálogo de Jesus com os Apóstolos, nos arredores da cidade de Cesareia de Filipe?

— Francamente, não me lembro.

PROMESSAS DE CRISTO

— Pois olhe, é um episódio de uma importância decisiva para a fé cristã. É Mateus quem nos descreve essa cena com detalhe. Afinal, ele esteve presente (Mt 16, 13--20). Chegando àquele lugar, Jesus perguntou de repente aos Apóstolos o que era que as pessoas andavam dizendo acerca dEle. As respostas foram do arco da velha..., como hoje. Então Jesus perguntou-lhes, diretamente: — *E vocês? Vocês quem dizem que eu sou?* Aí, Simão Pedro levantou a voz e disse: — *Tu és o Cristo, o Filho do Deus vivo! — Jesus então disse-lhe: — Feliz és Simão, filho de Jonas, porque não foi a carne nem o sangue que te revelou isto, mas meu Pai que está nos céus.*

Você entende, dá-se conta? Movido por Deus, Pedro revela pela primeira vez, sem reparar bem no que diz — pois não fala por conta própria, mas movido por Deus —, a verdadeira identidade de Jesus. Faz-se um clarão. Mesmo que os Apóstolos não acabem de entender, percebem que estão numa hora de Deus, num momento sagrado. Os corações se apertam. E é então que Cristo pronuncia uma das promessas mais solenes que fez em toda a sua vida. Dirigindo-se pessoalmente a Pedro, diz-lhe:

— *E eu te declaro: tu és Pedro, e sobre esta pedra edificarei a minha Igreja; e as portas do inferno não prevalecerão contra ela.*

— Dessas palavras, sim, eu me lembrava. E sei que essa promessa feita a Pedro se estende a todos os seus sucessores, os Papas.

— Exatamente. Mas você prestou atenção à carga tremenda que encerram as expressões usadas por Cristo?

Primeiro, fala da Igreja como de uma obra sua, construção pessoal do Filho de Deus (*edificarei a minha Igreja*), ou seja, diz que a Igreja não é invenção ou organização humana, mas obra de Deus. Segundo, reforçando a afirmação anterior, chama à Igreja *minha*, é dEle, não "propriedade" dos homens nem fruto da sua capacidade organizativa. Terceiro, promete, com a sua autoridade divina, que nada derrubará a Igreja nem a impedirá de cumprir a sua missão salvadora no mundo (*as portas do inferno não prevalecerão contra ela*).

É o "selo de garantia" — garantia divina! — que Cristo dá a Pedro, aos Apóstolos e aos seus sucessores: o Papa e o conjunto dos bispos unidos a ele.

Agora vejamos o óbvio (que alguém já disse que é o mais difícil de se enxergar). É evidente que essa garantia "carimba" estas outras palavras de Jesus: *Ide pelo mundo inteiro e pregai o Evangelho a toda a criatura* (Mc 16, 15). Ou as palavras análogas transmitidas por São Mateus: *Toda a autoridade me foi dada no céu e na terra. Ide, pois, e ensinai todas as nações [...]. Ensinai-as a observar tudo o que vos prescrevi. Eis que estou convosco todos os dias, até o fim do mundo* (Mt 28, 19-20).

Que diz Jesus? Que estará dando aos Apóstolos e aos seus sucessores a garantia, o aval sobre a verdade daquilo que eles, unânimes, ensinem com autoridade até o fim do mundo. Nada mais e nada menos! Aí está o "Magistério da Igreja", é isso!

Com palavras simples, o *Catecismo da Igreja Católica* ensina:

> O ofício de interpretar autenticamente a Palavra de Deus, escrita [na Sagrada Escritura] ou transmitida, foi confiado unicamente ao Magistério vivo da Igreja,

cuja autoridade se exerce em nome de Jesus Cristo, isto é, foi confiada aos bispos em comunhão com o sucessor de Pedro, o bispo de Roma.[24]

Esta é a Igreja que São Paulo, inspirado pelo Espírito Santo, chamava *casa de Deus, Igreja do Deus vivo, coluna e fundamento da verdade* (1 Tm 3, 15).

"ELE VOS LEVARÁ À VERDADE COMPLETA"

— Em toda esta exposição, ainda que baseada inteiramente em palavras da Sagrada Escritura, você não nota que está faltando algo de essencial?

— Francamente, agora não atino no que possa ser.

— E o Espírito Santo? Começamos esta parte falando dEle, dos rios cristalinos das graças do Espírito Santo, e parece que o esquecemos.

— É verdade. E então?

— Então..., uma coisa muito simples. O *Catecismo da Igreja* (ns. 689-690) ensina que toda a obra da Redenção é uma *missão conjunta* do Filho e do Espírito Santo, enviados pelo Pai ao mundo para salvá-lo. É fácil verificar: O Filho encarnou-se no seio de Maria *por obra do Espírito Santo* (Mt 1, 20); começa a sua pregação *ungido* na sua humanidade pelo Espírito Santo (Lc 3, 22 e 4, 18); diz a Nicodemos que veio trazer uma nova vida ao mundo, e que poderemos nascer para essa vida nova pela ação do Espírito Santo (Jo 3, 6); ofereceu-se na Cruz, como vítima pelos pecados, impelido pelo amor que o Espírito Santo lhe insuflava na alma (cf. Hb 9, 14); e, enfim, na despedida dos discípulos antes da ascensão, diz-lhes: *Eu vos mandarei o Prometido de meu Pai* [o Espírito Santo]; *entretanto, permanecei na cidade, até que sejais revestidos*

---

24 *Catecismo da Igreja Católica*, n. 85.

da força do alto (Lc 24, 49). Só depois disso, da vinda do Espírito Santo no dia de Pentecostes, é que a Igreja começa a cumprir a sua missão; e os Atos dos Apóstolos — história dos primeiros passos do Cristianismo — mostram, em quase todas as páginas, que a atuação da Igreja é inspirada, sustentada e movida constantemente pelo Espírito Santo.

Recordando estas verdades, é exato dizer que Cristo age sempre "pelo Espírito Santo". *Estou convosco* — diz — e essa sua presença vai acompanhada pelo dom e pela ação do Espírito Santo: *Eu rogarei ao Pai, e ele vos dará outro Paráclito, para que fique eternamente convosco* (Jo 14, 16). *Ide, ensinai, eu estou convosco* — diz —, Ele que antes anunciara: *Mas o Espírito Santo, que o Pai enviará em meu nome, ensinar-vos-á todas as coisas e recordar-vos-á tudo o que vos tenho dito* (Jo 14, 26). *Quando vier o Paráclito, o Espírito da verdade, ele vos guiará para a verdade completa* (Jo 16, 13). Não dá para entender melhor agora muitas dessas palavras de Cristo que antes já mencionávamos?

— Dá, sim. Tudo fica bem claro.

— Então já sabe o que é o Magistério da Igreja: é aquilo que a Igreja ensina, com autoridade, sobre as verdades da fé e da moral, assistida por Cristo (Cabeça da Igreja, que é seu Corpo: cf. Rm 12, 5; Ef 4, 15), mediante a ação do Espírito Santo (que os antigos chamavam "a alma da Igreja").

Só queria acrescentar mais um esclarecimento. O ensinamento da Igreja não está fossilizado, não se limita a repetir fórmulas congeladas. A revelação da Verdade, feita por Deus, que alcançou a sua plenitude com o exemplo e a palavra de Cristo, é um tesouro que nunca se esgota. A Igreja, sem trocar por outro esse tesouro nem deturpá-lo, mantendo-o intacto, vai fazendo como aquele escriba de uma parábola evangélica que, *do seu tesouro, vai tirando coisas novas e velhas* (Mt 13, 52).

DOIS RIOS CRISTALINOS DE VIDA

Sempre o Espírito Santo move o Magistério da Igreja a aprofundar nas riquezas insondáveis, inesgotáveis (cf. Rm 11, 33), que Cristo lhe pôs nas mãos como um depósito (cf. 1 Tm 5, 20), um depósito que a Igreja tem a missão de guardar, fazer frutificar e distribuir aos homens, oferecendo-lhes assim a autêntica resposta aos problemas e necessidades de cada época. Este é o sentido destas outras palavras de Cristo: *O Espírito Santo vos guiará para a verdade completa* (Jo 16, 13).

> A Igreja — ensina o *Catecismo* — não tem outra luz senão a de Cristo. Ela é, segundo uma imagem cara aos Padres da Igreja, comparável à lua, cuja luz toda é reflexo do sol. E ainda: A missão da Igreja não é acrescentada à de Cristo e do Espírito Santo [...]. Ela é enviada para anunciar e testemunhar, atualizar e difundir o mistério da comunhão com a Santíssima Trindade [...], que consiste em fazer os homens participarem da comunhão que existe entre o Pai e o Filho no seu Espírito de amor.[25]

"Eu vim para que os que não veem vejam"

— Se todos entendessem isto — intervém o leitor —, seria uma maravilha. Mas, infelizmente, o senhor já sabe que um dos dramas do mundo atual é a desconfiança, se não a rejeição, por parte de muitos católicos, jovens e velhos, dos ensinamentos da Igreja. Consideram-se e querem ser católicos, são capazes de vibrar de entusiasmo pelo Papa — vimos isso na sua recente visita ao Brasil —, milhões de jovens cruzam o mundo para participar, com alegria, dos encontros mundiais do Papa

---

25 *Catecismo*, ns. 748, 738 e 850.

com a juventude..., mas, na hora da verdade, que é a vida real, poucos levam a sério a doutrina da Igreja, o seu Magistério; e isso, tanto em questões de fé e obediência (como valorizar a Missa e o dever de participar dela aos domingos e dias de guarda, o sentido divino da confissão, etc.), como em questões de comportamento moral (por exemplo, de moral sexual).

— Não leu ou ouviu dizer que a grande tentação diabólica, nos tempos modernos, é a de um cristianismo sem Igreja?

— Não ouvi isso, mas basta abrir os olhos para vê-lo...

— E saberia dizer por que acontece isso?

— Acho que alguma coisa percebo..., mas, sinceramente, prefiro deixar a palavra com o senhor.

— De acordo. Olhe, para lhe dar essa resposta, não preciso agora de improvisar. É um assunto sobre o qual tenho refletido desde há anos, tenho trocado impressões com colegas e dado bastantes palestras e conferências. Por isso não hesito em assinalar três causas principais dessa desconexão entre sentimentos, pensamento e vida prática que se observa em muitos católicos que julgam amar a Igreja (ou, pelo menos, admiram e amam o Papa). Vamos chamá-las de "três véus" que tapam os olhos e impedem ou dificultam a visão da fé.

O primeiro véu é a ignorância religiosa, que já Pio XII chamava o maior inimigo de Deus no mundo contemporâneo. Dois anos antes da sua eleição como Papa, o cardeal Ratzinger lamentava o que ele chamava "o resultado catastrófico da catequese moderna", a partir dos anos sessenta do século XX. "Sem querer condenar ninguém — constatava com pena —, é evidente que hoje a ignorância religiosa é tremenda; é só conversar com as novas gerações..."[26]

---

26 Entrevista a Gianni Cardinale, *Avvenire*, 27/04/2003.

DOIS RIOS CRISTALINOS DE VIDA

Essas "novas gerações" são as dos que atualmente têm de cinquenta ou sessenta anos para baixo.

— É verdade. É difícil, por exemplo, encontrar "jovens" dessas idades que tenham as mais elementares noções sobre o Evangelho, a vida de Cristo, a história do Cristianismo, os sacramentos, as virtudes cristãs, etc. Desconhecem a terminologia religiosa mais elementar, e nem mesmo sabem enunciar os dez mandamentos...

— É lamentável, mas é assim. Essas gerações que estão quase na estaca zero em matéria de doutrina cristã são as vítimas daquela crise de embriaguez de "novidades" que levou, a partir dos anos sessenta, muitos responsáveis pela formação cristã, cheios de boa vontade, a querer experimentar novos métodos, formas inéditas, teorias..., fazendo involuntariamente das crianças e dos jovens verdadeiras "cobaias" dos seus mal digeridos palpites inovadores. Resultado, com dizia o cardeal Ratzinger, "não sabem nada". Você faz ideia do perigo que corre uma pessoa cheia de boa vontade, mas ignorante?

— Claro. No vazio da ignorância é muito fácil despejar todas as ideias e teorias erradas, os maiores absurdos, as mentiras e falsificações mais grosseiras, tipo *Código da Vinci*... Os coitados engolem tudo como se fosse verdade, porque a ignorância os deixa desarmados, sem um mínimo de espírito crítico; faltam-lhes as luzes da cultura religiosa que poderiam abrir-lhes os olhos.

— Exato. Mas, como não quero facilitar-lhe uma recaída no pessimismo, deixe-me perguntar-lhe: Essa situação tão bem diagnosticada, o que exige de nós?...

— Suponho que fazer o possível para difundir a doutrina católica... Mas podemos tão pouco...

— Também os primeiros cristãos podiam pouco, e espalharam a luz da fé pelo mundo inteiro, uma fé, por certo, riquíssima de doutrina. Eu fico pasmo ao ler os sermões que Santo Agostinho pregou à população portuária, analfabeta na sua maior parte, da pequena cidade de Hipona, no norte da África. Aos católicos cultos do século XXI, esses sermões parecem tratados de teologia de nível de pós-graduação... Que vergonha! E que contas prestarão a Deus os que deviam ter-lhes ensinado a doutrina e só lhes passaram perfumaria ou política). A verdade é que, durante séculos, os cristãos recebiam constantemente doutrina, boa doutrina; dava-se doutrina, e não divagações sentimentais ou comícios políticos!

Mas agora sou eu que divago. Dizia que é preciso que todos difundamos a autêntica doutrina católica e, para isso, que cuidemos seriamente de começar nós mesmos por aprofundar nela, de uma maneira sistemática, perseverante: lendo, estudando, conhecendo bem os documentos da Igreja. É um dever sobre o qual o Papa Bento XVI não se cansa de falar. No dia 13 de maio de 2007, por exemplo, dizia aos bispos reunidos em Aparecida:

> Convirá intensificar a catequese e a formação na fé, tanto das crianças como dos jovens e adultos. A reflexão madura da fé é luz para o caminho da vida e força para sermos testemunhas de Cristo. Para isso se dispõe de instrumentos muito valiosos como o *Catecismo da Igreja Católica* e sua versão mais breve, o *Compêndio do Catecismo da Igreja Católica*.
>
> Neste campo, não devemos limitar-nos só às homilias, conferências, cursos de Bíblia ou teologia, mas é preciso recorrer também aos meios de comunicação: imprensa, rádio e televisão, sites da Internet, foros e tantos outros sistemas para comunicar eficazmente a mensagem de Cristo a um grande número de pessoas.

DOIS RIOS CRISTALINOS DE VIDA

Tomemos nota, e não fiquemos na teoria nem na boa vontade inoperante. Isso é que é ser otimista "responsável": fazer, com realismo, "tudo" o que de positivo possamos fazer — mas "tudo" mesmo, não só um pouco para embromar —, certos de que Deus abençoará este esforço. Levemos a mão à consciência, peçamos perdão a Deus e aos nossos irmãos pelas nossas omissões, e estudemos um plano de formação pessoal muito concreto, para recuperar o tempo perdido e avançar cada vez mais.

O segundo véu é o desconcerto causado por condutas escandalosas, reprováveis, de alguns membros do clero. Ventilados pela mídia, esses escândalos abalam a confiança na Igreja e, às vezes, desencadeiam um movimento interior de aversão em não poucas pessoas.

Jesus já previu essa dificuldade. No capítulo dezoito do Evangelho de São Mateus, que é chamado pelos especialistas a "Instrução sobre a vida da Igreja", nosso Senhor fala com crueza: *Ai do mundo por causa dos escândalos! Eles são inevitáveis, mas ai do homem que os causa!* Chega a dizer, hiperbolicamente, que seria melhor que o jogassem ao mar com uma pedra de moinho amarrada ao pescoço (cf. Mt 18, 6-7).

Nenhum desses escândalos se justifica. E não adianta dizer que são apresentados na mídia com lente de aumento e mais dois zeros atrás da cifra estatística, nem que, entre professores leigos casados e dentro do âmbito das famílias, escândalos desse tipo são muitíssimo mais frequentes. Isto é verdade, verdade estatisticamente comprovada. Mas um só desses escândalos na Igreja de Cristo já é demais.

O que é doloroso, e não se justifica, é que esses males se transformem numa nuvem de fumaça que impeça de ver e amar a *grande multidão, que ninguém pode contar* (Apc 7, 9), de sacerdotes, religiosos e religiosas e de leigos católicos bons, virtuosos, fiéis aos ideais cristãos e até mesmo santos, que há na Igreja e a tornam bela e atraente.

Numa homilia pronunciada em 1993, o cardeal Ratzinger dizia:

> Se duvidamos da Igreja, com todas as suas brigas e misérias, olhemos então para esses homens e mulheres [os santos] que se abriram para Deus, para esses homens em quem Deus ganhou um rosto. Veremos como nos dão luz. Neles poderemos ver quem Deus realmente é; deles poderemos receber a coragem de que precisamos para ser homens. E também serão eles que nos hão de mostrar *o verdadeiro rosto da Igreja*, porque neles podemos enxergar o que a Igreja é e para que existe, e que frutos dá, apesar da miséria dos seus membros.[27]

É claro que há "miséria" nos membros da Igreja, também no clero, também em cada um de nós. Somos homens e não anjos. Mas não nos esqueçamos de que, como eu gosto de dizer, "Deus trabalha com barro". Por isso São Paulo reconhecia, com humildade: *Trazemos este tesouro* [as graças concedidas por Deus aos Apóstolos] *em vasos de barro, para que transpareça claramente que este poder extraordinário provém de Deus e não de nós* (2 Cor 4, 7).

Às vezes, pode-se ter a impressão de que a Igreja, pelos pecados dos seus membros, é como uma daquelas pobres mulheres corroídas pela lepra, que a Madre Teresa de Calcutá assistia ao darem à luz; e a Madre sorria ao ver que, daquele corpo desfeito, nascia uma criança sadia, pura, bela.[28] A Igreja é uma Mãe que, em seus

---

27 *Homilias sobre os santos*, p. 69.

28 Cf. Dominique Lapierre, *A cidade da alegria*, Record, Rio de Janeiro, 1987.

DOIS RIOS CRISTALINOS DE VIDA

membros, ao lado de exemplos heroicos de santidade, ostenta muitas vezes a "lepra" do pecado, da fraqueza humana, do escândalo; mas é a Mãe que Deus nos deu, e a doutrina e a vida que nos transmite são e serão sempre puras, belas, divinas.[29]

São Josemaria Escrivá não se cansava de manifestar a sua inabalável fé na Igreja e na sua doutrina, a despeito de todas as falhas humanas dos que a governam:

> A ninguém passa despercebida a evidência dessa parte humana. A Igreja, neste mundo, está composta por homens e para homens. Ora, falar de homem é falar de liberdade, da possibilidade de grandezas e de coisas mesquinhas, de heroísmos e de claudicações [...]. No corpo visível da Igreja — no comportamento dos homens que a compõem aqui na terra —, aparecem misérias, vacilações, traições. Mas a Igreja não se esgota aí nem se confunde com essas condutas erradas [...]. Considerai, além disso, que mesmo que as claudicações superassem numericamente as valentias, ficaria ainda esta realidade mística — clara, inegável, embora não a percebamos com os sentidos —, que é o Corpo de Cristo, o próprio Nosso Senhor, a ação do Espírito Santo, a presença amorosa do Pai.[30]

Com esse espírito de fé, ao contemplarmos as misérias dos homens, reforça-se ainda mais a nossa fé na doutrina da Igreja, e vemos o seu Magistério *autêntico* como o rio cristalino de que falávamos. Com São Josemaria, eu lhe diria que "se, por vezes, não soubermos descobrir o rosto formoso da Igreja, limpemos nós os olhos; se notarmos que a sua voz não nos agrada, tiremos dos

---

29   Cf. São Josemaria Escrivá, *Amar a Igreja*, Quadrante, São Paulo, 2016, "Apresentação", p. 7.

30   Cf. *Amar a Igreja*, pp. 53-56.

OTIMISMO CRISTÃO, HOJE

nossos ouvidos a dureza que nos impede de ouvir, no seu tom, os assobios do Pastor amoroso".[31]

— Escutei, calado, pelo interesse do assunto. Mas tenho uma pergunta guardada desde faz tempo: por que diz tantas vezes, enfaticamente, o adjetivo *autêntico* aplicado ao Magistério da Igreja? Qual é o *inautêntico*?

— É precisamente o que constitui o terceiro véu.

O terceiro véu é o da desorientação doutrinal provocada em muitos ambientes católicos, entre amplos setores do clero e dos religiosos, em comunidades e associações, escolas e instituições católicas, pelas interpretações deturpadas, erradas, que foram dadas aos ensinamentos do Concílio Vaticano II. Deturpações muitas vezes apresentadas altivamente como "dogmas" modernos e indiscutíveis. Essas interpretações e os que as ensinam é que constituem o "magistério *inautêntico*". Não concorda?

— Plenamente.

— É um fato muito conhecido que os decênios posteriores ao Concílio Vaticano II — essa grande assembleia da Igreja Católica, fonte de imensas esperanças — viram surgir, ao lado de frutos esplêndidos de renovação, de santidade e de apostolado, uma onda crescente de interpretações errôneas e aplicações inaceitáveis do Concílio, que semearam uma deplorável confusão entre os fiéis católicos e produziram defecções e crises dolorosas em amplos setores do clero e dos religiosos, e desorientação em incontáveis leigos. Como alguém dizia, de modo rudemente expressivo, ao "autêntico pós-Concílio" parecia querer sobrepor-se, estrangulando-o, um "falso pós-Concílio". De fato, nesses anos 60 e 70, a Igreja, em todos os seus níveis, parecia varrida por um furacão de loucura anárquica, cujas sequelas ainda se deixam sentir em bastantes ambientes atuais.

---

31 *Amar a Igreja*, pp. 32-33.

DOIS RIOS CRISTALINOS DE VIDA

O Papa Paulo VI, representante e cabeça do Magistério *autêntico*, que encerrara o Concílio em 8 de dezembro de 1965, mostrava-se desolado. Lamentava, com angústia visível, essa "falsa e abusiva interpretação do Concílio", que considerava, alarmado, como uma verdadeira "ruptura" com a Igreja, como que uma tentativa — dizia — de criação de uma "Igreja nova, quase reinventada de dentro da sua constituição, tanto no dogma, como na moral e no direito".[32]

Diante desse panorama, entende-se por que, em dezembro de 2005, ao comemorarem-se os quarenta anos de encerramento do Concílio Vaticano II, o Papa Bento XVI quisesse fazer um balanço do pós-Concílio.[33] Sintetizava então a confusão mencionada explicando que, após a assembleia conciliar, se enfrentaram duas interpretações, duas "hermenêuticas": a "hermenêutica da descontinuidade e da ruptura" que, como uma histérica crise de adolescência, queria modificar tudo na Igreja e anular toda a sua história: arrancar a fé, a moral, a disciplina e a liturgia católicas das suas raízes bimilenares, e transplantá-las para o atoleiro de ideologias incompatíveis com a fé; e a "hermenêutica da renovação na continuidade", que corresponde ao espírito do Concílio, expresso por João XXIII, o Papa que o convocou, e que declarou com todas as letras que o Concílio queria "transmitir a doutrina pura e íntegra sem atenuações nem desvios".

> Onde quer que esta interpretação [da renovação na continuidade] tenha sido a orientação que guiou a recepção do Concílio — acrescentava Bento XVI —, cresceu uma nova vida e amadureceram novos frutos. Quarenta anos depois do Concílio, podemos realçar

---

32 *Alocuções*, 1970.

33 *Discurso natalino* à Cúria Romana, em 22/12/2005.

OTIMISMO CRISTÃO, HOJE

que o positivo é muito maior e mais vivo do que podia parecer na agitação por volta do ano de 1968. Hoje vemos que a boa semente, mesmo desenvolvendo-se lentamente, vai crescendo, e cresce também assim a nossa profunda gratidão pela obra realizada pelo Concílio.

Essa atitude de fidelidade é a que adotaram, no meio das diatribes violentas, os teólogos fiéis a Jesus Cristo e à sua Igreja. Dá alegria ver figuras de primeiríssima grandeza, como Henri de Lubac, declarar:

> Infeliz de mim se, sob pretexto de abertura ao mundo ou de renovação, me puser a adorar, como dizia Newman, vagas e pretensiosas ficções do meu espírito em lugar do Filho que vive para sempre na sua Igreja; se eu depositar a minha confiança nas novidades meramente humanas, cujo calor momentâneo já não é senão um cadáver prestes a desaparecer!... Possa eu compreender sempre que somente a minha fidelidade à Tradição da Igreja (Tradição que não é um peso mas uma força) será o dínamo dos meus empreendimentos audaciosos e fecundos![34]

— Sim, é maravilhoso ver os Papas, os santos e os bons teólogos defenderem sem hesitar a verdade, mas o povo não sei se percebe isso... Dada a ignorância em que está, é tão fácil iludi-lo!

— Mais uma vez vou-lhe dizer que depende de nós, depende de nós que o povo veja a luz da autêntica doutrina. É mais um apelo à formação pessoal e à catequese que, como víamos, para todo o católico consciente é hoje um dever grave, uma responsabilidade grande. Assim o

---

34 *Paradoxe et mystère de l'Église*, Aubier, Paris, 1967, pp. 9 e segs.

DOIS RIOS CRISTALINOS DE VIDA

recordava o Papa Bento XVI, em 10 de maio de 2007, no discurso dirigido aos jovens no Estádio do Pacaembu:

> Podeis ser protagonistas de uma sociedade nova se procurais pôr em prática [...] um empenho pessoal de formação humana e espiritual de vital importância. Um homem ou uma mulher despreparados para os desafios reais de uma correta interpretação da vida cristã no seu meio ambiente será presa fácil de todos os assaltos do materialismo e do laicismo, sempre mais atuantes em todos os níveis [...]. Eu vos envio para a grande missão de evangelizar os jovens e as jovens, que andam por este mundo errantes, como ovelhas sem pastor.[35]

Não sente vontade de dar graças a Deus pela orientação tão segura do Papa? Temos motivos fortíssimos para agradecer-lhe que, por cima das ondas tempestuosas de erros e deturpações, o Magistério *autêntico* do Papa e dos bispos em comunhão com ele se tenha erguido sempre e continue a erguer-se como um farol brilhante, fincado no alto promontório da fé, a oferecer a todos os que navegam no mar encrespado do mundo o referencial seguro que orienta e guia todos para o porto da salvação. Não é um precioso motivo de otimismo? Não é uma prova da assistência indefectível de Cristo e do Espírito Santo à sua Igreja?

— Sim, é realmente uma grande graça de Deus.

"Felizes os vossos olhos, porque veem!"

— Abra os olhos, dizia-lhe. — Bem sabe que o que "abre" os nossos olhos é a fé, e, agora que nos

---

35 *Palavras do Papa Bento XVI no Brasil*, pp. 23-24.

OTIMISMO CRISTÃO, HOJE

aproximamos do final da nossa conversa, é bom repetir que "o teu otimismo será consequência necessária da tua fé".[36]

Gostaria de que, quando este diálogo terminar, pudéssemos despedir-nos com a alma cheia daquela felicidade que Jesus deseja para todos nós, e que São Lucas descreve assim, após narrar a primeira expedição apostólica dos discípulos:

> *Naquela mesma hora, Jesus exultou de alegria no Espírito Santo e disse: "Pai, Senhor do céu e da terra, eu te dou graças porque escondeste estas coisas aos sábios e entendidos, e as revelaste aos pequeninos. Sim, Pai, bendigo- -te porque assim foi do teu agrado" [...]. E voltando-se para os seus discípulos, disse: Ditosos os olhos que veem o que vós vedes, pois vos digo: muitos profetas e reis desejaram ver o que vós vedes, e não o viram; e ouvir o que vós ouvis, e não o ouviram"* (Lc 10, 21-24).

Todo aquele que abre com simplicidade a alma à fé, a Cristo e à *sua* Igreja, alcança essa alegria e torna-se um coração otimista, por mais que o mundo continue a estar cheio de problemas.

Penso que pode ser um bom fecho desta reflexão apresentar-lhe o exemplo de dois homens que, tendo vivido num ambiente de turbulências ideológicas contrárias à Igreja e ao seu Magistério, souberam ter o coração puro dos humildes, e, como os pastores de Belém, *viram e alegraram-se* (cf. Lc 2, 20).

Descobriu o amor ignorado. André Frossard, jornalista francês ateu, aos 21 anos foi surpreendido repentinamente pela alegria da fé católica, pela graça inesperada,

---

36   *Caminho*, n. 378.

DOIS RIOS CRISTALINOS DE VIDA

nunca sonhada nem desejada por ele, da conversão. "Como esquecer — confidenciaria — o dia em que subitamente se descobre o amor ignorado, Deus, pelo qual se ama e se respira, em que se aprende que o homem não está só?"[37]

Filho daquele que foi o primeiro Secretário Geral do Partido Comunista francês, descendente de famílias judaicas e protestantes de há muito afastadas da religião, viveu sempre num ambiente de ateísmo "pacífico", no qual Deus era mais ignorado, como algo de superado e inútil, do que combatido. "Nenhuma intuição me era mais estranha que a Igreja Católica e, se a palavra não encerrasse um matiz de hostilidade ativa — coisa que não é do meu feitio —, diria que me era antipática. Era como a Lua, o planeta Marte: Voltaire nunca me falara bem dela, e desde os meus doze anos eu não lia senão a ele e a Rousseau".[38] Quer dizer que, da religião católica, só conhecia os mesmos ataques e troças que hoje em dia inúmeros professores de cursinho e de faculdades de "humanas" enfiam goela abaixo nos seus alunos.

Mas Deus é mais forte que Voltaire e Karl Marx, e quis apanhá-lo nas suas redes de amor.

> Como pôde acontecer que, entrando com indiferença numa igreja [apenas para aguardar um amigo] — ateu plácido e isento de inquietações —, esse rapaz tenha saído uns minutos depois gritando de alegria no seu íntimo que a verdade era tão bela, de uma beleza que às vezes a torna difícil de crer [...], impaciente por partilhar a sua felicidade com toda a terra [...], convencido enfim de que neste mundo não há tarefa mais digna nem mais doce nem mais necessária e

---

37 André Frossard, *Há um outro mundo*, Quadrante, São Paulo, 2003, p. 5.

38 *Há um outro mundo*, pp. 14-15.

Otimismo cristão, hoje

urgente do que louvar a Deus, louvá-lo por ser, e por ser Quem é![39]

Entrou numa capela para se resguardar da intempérie, enquanto aguardava um amigo, como poderia ter entrado num bar ou numa tabacaria. Entrou ateu e, instantes depois, saiu católico convicto, com o radar da alma orientado sem hesitações para o *núcleo*, a luz central de todas as verdades que a Igreja Católica ensina como reveladas por Deus, luzes que lhe foram infundidas pelo Espírito Santo num segundo, sem que nunca soubesse explicar como nem por quê.[40] Depois, como é evidente, dedicou anos e anos a estudá-las, a aprofundar nelas, e a comprovar que a doutrina da Igreja combinava perfeitamente com a intuição inicial, que Deus tinha colocado no seu coração.

Talvez o mais impressionante da sua conversão, que foi um deslumbramento e uma alegria crescente até o fim da vida, foi a sua descoberta da Igreja Católica. Falando da sua fé na Igreja, que o envolveu em um amor terno, num cálido aconchego familiar, escrevia:

> Eu não lhe dei a minha adesão; fui levado a ela como uma criança que se leva pela mão à escola, ou que se leva à casa da família que ela ainda não conhecia. Esta sensação de conivência entre a Igreja e o divino foi tão forte, que [...] nunca tive sequer a tentação de proferir o mínimo esboço de juízo sobre a Igreja: o que ela tem de santidade no invisível impressionou-me, o que tem de fraqueza e imperfeições aqui em baixo tranquiliza-me e faz-me senti-la mais perto de mim,

---

39 *Há um outro mundo*, pp. 15-16.

40 A história da sua conversão está descrita no livro *Deus existe, eu o encontrei*, publicado no Brasil pela Record, Rio de Janeiro, 1969.

pois também eu não sou perfeito [...]. Ela pareceu-me bela desde o primeiro dia.

Recordando as leituras ateias e anticlericais que o tinham alimentado até à idade madura, cheias de investidas e injúrias contra a Igreja, prosseguia:

> Não, os meus livros não me tinham dito que a Igreja me salvou de todos os desmandos a que estamos entregues sem defesa desde que ela deixou de ser ouvida ou desde que se calou; que as suas promessas de eternidade fizeram de cada um de nós uma pessoa insubstituível, antes que a nossa renúncia ao infinito fizesse de nós um átomo efêmero e indefinidamente renovável da mucosa ou da espinha do grande animal etático; que nos seus cemitérios guarda, como um tesouro, o pó impalpável de que surgirão um dia os corpos ressuscitados; que as únicas janelas que alguma vez se abriram na muralha da noite que nos envolve são as dos seus dogmas, e que as lajes gastas pelas lágrimas das suas catedrais são o único caminho que alguma vez se abriu para a alegria.[41]

— Estou comovido — diz-me o bom interlocutor —, e estou agradecido. São maravilhas que mereceriam uma divulgação muito maior!

Seja louvada esta *grande Mãe*. Vamos, então, à segunda testemunha dessa alegria inefável que acompanha a fé na Igreja e gera um otimismo invencível: o teólogo francês Henri de Lubac, que antes citava.

Um dos maiores teólogos do século XX, perito do Concílio Vaticano II, julgado por muitos, durante anos,

---

41   *Há um outro mundo*, pp. 42-43 e 45-46.

Otimismo Cristão, Hoje

como um perigoso "progressista", maltratado até por algumas autoridades, clérigos cheios de boa fé mas inconscientemente encarquilhados e habituados a ver fantasmas, Lubac manteve sempre uma fidelidade exemplar à Igreja; uma fidelidade comovente quando se pensa que outros teólogos contemporâneos, por dificuldades ou incompreensões bem menores, se revoltaram magoados, e acabaram por encastelar-se em posições cada vez mais radicais e agressivas, que os puseram para fora da fé e do lar materno da Igreja.

Tendo isso em conta, ganha um valor inestimável o testemunho que insiro a seguir, contido no seu livro *Meditations sur l'Église:*[42]

> O mistério da Igreja e da sua ação benfazeja sempre fica além do que nós dele vivemos praticamente. Só conseguimos apropriar-nos de uma fraca porção das riquezas que a nossa Mãe nos dispensa. Pelo menos, todo o católico, se não é um filho ingrato, canta no seu coração o hino da gratidão ao qual um poeta dos nossos dias deu a sua forma verbal. Todo o católico clama, com Paul Claudel: "Seja louvada para sempre esta grande Mãe majestosa, sobre cujos joelhos eu aprendi tudo" (*"Louée soit à jamais cette grande mère majestueuse aux genoux de qui j'ai tout appris!"*).[43]
>
> Sim, que seja louvada esta grande Mãe sobre cujos joelhos nós certamente temos aprendido tudo e tudo continuaremos a aprender todos os dias.
>
> É ela que, em cada dia, nos ensina a Lei de Cristo, nos põe na mão o seu Evangelho e nos ajuda a decifrá-lo. O que seria desse pequeno livro, ou em que estado teria ele chegado até nós se, por um impossível, não tivesse sido redigido, e depois conservado e

---

42   3e. ed. revisée, Aubier, Paris, 1954, p. 236.

43   Paul Claudel, *Ma conversion. Converti pendant le chant du "Magnificat"*; "Lectures Chrétiennes", em *Ecclesia*, Paris, n. 1, abril 1949, pp. 53-58.

DOIS RIOS CRISTALINOS DE VIDA

comentado, dentro da grande comunidade católica? Que deformações não teria sofrido, que mutilações no seu texto e na sua compreensão?

[A Igreja] é sempre esse Paraíso, no meio do qual o Evangelho é custodiado como uma fonte pura e se expande nos seus quatro rios (cf. Gn 2, 11)[44] pela terra inteira. Graças a ela, de geração em geração, o Evangelho é proposto a todos, tanto aos pequenos como aos grandes deste mundo; e quando ele não produz em nós os seus frutos de vida, a falha é toda nossa.

Louvada seja mais uma vez esta grande Mãe pelo Mistério divino que nos comunica, introduzindo-nos nele pela dupla porta, continuamente aberta, da sua Doutrina e da sua Liturgia! Seja louvada pelos braseiros de vida religiosa que ela suscita, que ela protege, cuja chama ela alimenta! Louvada seja pelo universo interior que nos descobre e nos faz explorar, guiados pela sua mão! Louvada seja pelo desejo e pela esperança que faz arder em nós! Louvada seja também por todas as ilusões enganosas que desmascara e dissipa em nós para que a nossa adoração seja pura! Louvada seja esta grande Mãe!

Louvada sejas, Mãe do belo amor, do temor salutar, da ciência divina e da santa esperança! Sem ti, os nossos pensamentos ficam dispersos e flutuantes; tu os ligas num feixe robusto; tu dissipas as trevas onde cada um de nós, sem reparar, se extravia, onde se desespera, onde tristemente amesquinha o romance do infinito à sua pobre medida. Sem nos desencorajares de tarefa alguma, tu nos guardas dos mitos enganadores, tu nos poupas aos desvios e às decepções de todas as igrejas feitas pela mão do homem...

Por ti, enfim, nós temos nele — em Jesus — a esperança da vida. A tua lembrança é mais doce do que o mel, e quem te escuta jamais conhecerá a confusão.

---

44 Refere-se aos quatro Evangelhos.

Mãe santa, Mãe única, Mãe imaculada! Ó grande Mãe, santa Igreja, Eva verdadeira, a única verdadeira "Mãe dos viventes".

Que achou?

— Fantástico! Foi tão bom lembrar estas coisas! Sim, concordo. A luz de Deus, a luz de Cristo, a luz da Igreja são incomparavelmente maiores e mais poderosas que todas as trevas de Mordor. Há motivos, há motivos poderosíssimos para termos otimismo, por mais caótico ou perdido que o mundo nos pareça.

— Então, levemos a sério, totalmente a sério, como um recado dirigido pessoalmente a cada um de nós, o que Bento XVI dizia em Aparecida, em 13 de maio de 2007:

> O discípulo [de Cristo], fundamentado na rocha da Palavra de Deus, sente-se impulsionado a levar a Boa Nova da salvação aos seus irmãos. Discipulado e missão são como os dois lados de uma mesma moeda: quando o discípulo está enamorado de Cristo, não pode deixar de anunciar ao mundo que só Ele nos salva (cf. At 4, 12). Com efeito, o discípulo sabe que sem Cristo não há luz, não há esperança, não há amor, não há futuro.[45]

Vamos, pois, pedir a Deus, por intercessão da Mãe da Igreja, Maria, que nos ajude a assumir um otimismo operante, vibrante, ativo e criativo, a serviço da fé e da fidelidade dos nossos irmãos e, por isso mesmo, da salvação do mundo. Que nos ajude a nunca esquecer que "muito" depende de nós. "De que tu e eu nos portemos como Deus quer — não o esqueças — dependem muitas coisas grandes".[46]

---

45 *Palavras do Papa Bento XVI no Brasil*, p. 113.

46 São Josemaria Escrivá, *Caminho*, n. 755.

Direção geral
Renata Ferlin Sugai

Direção de aquisição
Hugo Langone

Produção editorial
Sandro Gomes
Juliana Amato
Gabriela Haeitmann
Ronaldo Vasconcelos
Roberto Martins

Capa
Gabriela Haeitmann

Diagramação
Sérgio Ramalho

ESTE LIVRO ACABOU DE SE IMPRIMIR
A 01 DE JUNHO DE 2024,
EM PAPEL PÓLEN BOLD 90 g/m².